Anna Będkowska - Karmelita
Text: Wojciech Zalewski

WROCŁAW
STADT AUF INSELN

Wrocław (Breslau)

Wrocław liegt in der Mitte der Schlesischen Tiefebene und ist die größte Stadt Schlesiens – der historisch-geographischen Region, die sich von Queis bis Przemsa erstreckt. Seit 1998 ist es eine Stadt auf Kreisrechten und gleichzeitig die **Hauptstadt der Woiwodschaft Niederschlesien**. Außer dem wichtigen Verwaltungszentrum ist es das drittgrößte akademische Zentrum in Polen – es befinden sich hier 12 staatliche und eine Reihe von privaten Hochschulen, wo insgesamt ca. 140 T Studenten studieren, und das zweite nach Warszawa (Warschau) finanzielle Zentrum landesweit.

Wrocław hat eine längliche Form (26 × 18,5 km), derer Achse der Odertal bildet. Im Hinblick auf die Fläche (292,8 km²) nimmt es den fünften Platz im Land ein.

Die Stadt hat einen äußerst flachen Charakter (105–155 m ü.d.M.), ihre Geologie und Relief formten sich bei der letzten Eiszeit und nach ihrer Beendigung. Es herrschen hier Sand- und Lehmböden vor, daher die Universalität der Ziegelarchitektur. Der Hauptfluss ist die Oder, aber durch Wrocław fließen auch: Weide, Lohe, Weistritz und Dauber. Zusammen mit mehreren Kanälen bilden sie den sog. Breslauer Wasserknoten, der das größte System dieser Art in Polen ist. Leider bringen diese Flüsse manchmal Zerstörung mit sich. Zu den letzten großen Überschwemmungen kam es 1903 und 1997. Bei der zweiten, Oderhochwasser genannt, stand 30% der Stadt unter Wasser.

Im Hinblick auf das Klima wird Wrocław für die wärmste Woiwodschaftsstadt gehalten. Winter sind gewöhnlich kurz, mild und mit wenig Schnee. Die Durchschnittstemperatur beträgt 0°C, aber es kommen auch Tage mit der Temperatur von bis -30°C vor. Sommer sind warm und relativ lang. Der wärmste Monat ist Juli mit max. Temperaturen bis +38°C. Die meist regnerischen Tage fallen auf November (15), am wenigsten regnerisch ist September (11), der neben Mai, Juni und Oktober der heißeste Monat für den Besuch von Wrocław bildet.

Breslau - Natur, Einwohner

Südpark

Bezüglich der Grünflächen kann die Stadt auf zahlreiche Waldkomplexe stolz sein, der größte davon, Muckerauer Wald, nimmt die Fläche von ca. 600 ha ein. Außerdem befinden sich in Wrocław 45 Parks, von denen die wichtigsten historischen Parks: Brockauer, Scheitniger, Süd- und Lissauer Park, sowie eine Reihe von anderen Parks mit dem West-, Ost- und Jahrhundertpark an der Spitze. Im Stadtzentrum besonders zauberhafter und gern besuchter Altstadtpark dem Stadtgraben entlang und viele Kloster- und Palastgärten, sowie: botanischer, japanischer und zoologischer Garten.

Ihre Entwicklung verdankte Wrocław im großen Maße der günstigen Verkehrslage. Ehemalige und derzeitige Hauptstädte der nahegelegenen Länder befinden sich in dessen unmittelbarer Nähe: Warszawa (340 km), Prag (270 km), Kraków (Krakau) (270 km), Berlin (340 km). Mit der Bahn kann man von Wrocław direkt zu den größten polnischen Städten, sowie nach Pardubitz, Dresden und Berlin kommen. Neben dem historischen (frisch renovierten) Gebäude des Hauptbahnhofs steht der Busbahnhof. Der internationale Kopernikus-Flughafen im Stadtteil Schöngarten erhielt 2012 ein modernes Terminal, das jährlich 3 Mio. Passagiere bedienen kann. Den Stadtverkehr sichern gelb-rote Busse und blaue Straßenbahnen. 2012 wurde eine neue Straßenbahnlinie, die zum neuen Fußballstadion führt, in Gang gesetzt.

Wrocław zählt 635 T Einwohner. Die vorherrschende Religion ist Katholizismus, aber nach dem 2. Weltkrieg entstand in der Stadt eine Mischung von Konfessionen, was in polnischen Verhältnissen selten erscheint. Wrocław ist die Hauptstadt der römisch-katholischen, aber auch griechisch-katholischen, orthodoxen, lutherischen Diözese, polnisch-katholischen Kirche, sowie Sitz der zweitgrößten im Land Judengemeinde. In der Stadt befindet sich auch ein moslemisches Zentrum und Baptisten-, Adventisten-, Pfingst-, Methodistenkirche. Die zweite zahlreichste Glaubensgruppe bilden die Zeugen Jehovas.

GESCHICHTE DER STADT

Feste Ansiedlung in Region vom heutigen Wrocław (Breslau) gab es schon im 3. Jh. n. u. Z.. Ca. 300 Jahre später entstanden im Schlesien Dörfer, gegründet durch den slawischen Stamm der Slensanen. Große Bedeutung hatte die Stadt auf derzeitiger Dominsel wegen ihrer strategischen Lage – am linken Flussufer kreuzten sich uralte Handelswege, sog. Bernsteinstraße und Handelsweg aus Werteuropa nach Osten – in Richtung von Rus und Schwarzmeerküsten. Zusätzlichen Verkehrs- und Transportweg bildete die Oder, die auch Schutzbedingungen der Stadt erhöhte. Im 10. Jh. entstanden auch Kaufmanns- und Handelsdörfer in Region des heutigen pl. Dominikański, auf der Sandinsel und Elbing.

Der Stadtname stammt vom legendären Gründer – dem tschechischen Herzog Vratislav I. († 921). Wrocław wurde zusammen mit Schlesien, anfangs verbunden mit dem tschechischen Staat, ca. 990 in polnische Grenzen durch Mieszko I. eingeschlossen. Die erste schriftliche Erwähnung über die Stadt stammt aus 1000, als während des Akts von Gnesen das Bistum Breslau gegründet wurde.

1138 teilte Boleslaus der Schiefmund Polen zwischen seinen Söhnen. Schlesien fiel damals mit dessen Hauptstadt dem ältesten von ihnen – Ladislaus. Durch das ganze 12. Jh. wuchs der linksseitige Teil von Wrocław zum Konkurrenzzentrum gegenüber der Dominsel heran, was sich mit der zunehmenden Bedeutung des Hauptweges nach Kraków (Krakau) verband. Dank weiser Regierung des weiteren Piasten, Heinrich I. dem Bärtigen und dessen Ehefrau, Hl. Hedwig von Schlesien, gewann Wrocław an Bedeutung. Es wurde ein großer Markplatz (Nowy Targ) festgelegt, und 1226 erhielt die Stadt wahrscheinlich die Stadtrechte (auf dem sog. Neumarkter Recht). Es wird behauptet, dass noch vor dem Mongolen-Überfall (1241) das neue Straßennetz und der Markplatz – heutiger Markt, ausgesondert wurden. Der von Festungen freie linksseitige Stadtteil wurde während des Überfalls zerstört, aber die Einwohner von Wrocław konnten auf die gut geschützte Dominsel fliehen. In der Schlacht mit Mongolen bei Liegnitz starb der Breslauer Herzog Heinrich III. der Fromme.

Zeiten der Luxemburger

Sein Nachfolger, Boleslaus der Kahle (Rogatka), verlieh der linksseitigen Stadt die Stadtrechte auf dem Magdeburger Recht (1242), die damals den ersten Schutzmauerring mit Graben erhielt. Die nächste derartige Verleihung von Stadtrechten (1261) vollzog der Herzog Heinrich III. der Weiße, der die Stadtgewalten: Gemeindevorsteher, Rat und Gericht (-sbank) bestimmte. Die Stadt erreichte dann die Linie des heutigen Grabens. Die gleiche Verleihung wurde zwei Jahre später für das viel kleinere Nowe Miasto (Neue Stadt) durchgeführt, angeschlossen an Wrocław 1327.

Stadtplan von Breslau aus 1562 – Replik des Gemäldes von Barthel Weihner (aufgrund: T. Kulak, Wrocław, Przewodnik historyczny, Wrocław 1997, S. 4)

Die Dominsel wandelte sich in getrennten der bischöflichen Gerichtsbarkeit unterliegenden Stadtteil um, und so war es bis 1810. Das durch polnische Bevölkerung vorwiegend bewohnte Wrocław wurde ein Zentrum, wo ausländische Mönche und deutsche Ansiedler kamen und dort die Macht übernahmen. Es siedelten sich auch Juden an. Die günstige wirtschaftliche Entwicklung von Wrocław im 14. Jh. wurde durch die von Heinrich IV. Probus verliehenen Privilegien: Meilen-, Gewichts-, Stapelrecht gesichert.

1311 wurde Breslauer Herzog der letzte Heinrich (VI. der Gute). Unter seiner Herrschaft erlangte Wrocław die Fläche von ca. 133 ha, unverändert durch nächste 481 Jahre, und mit der Einwohnerzahl von 14 000 gehörte es zu größten Europastädten. Der Herzog starb 1335 und hinterließ keinen Nachfahren. Kraft dessen Beschlusses wurde das Breslauer Herzogtum ein Lehnen und später Eigentum des Königs Johann von Böhmen. Der polnische König, Kasimir der Große, versuchte, es wiederzuerobern, aber 1339 trat er unter Druck des Königs von Ungarn die Oberherrschaft über Schlesien ab und Wrocław lag über 600 Jahre außer den polnischen Grenzen.

Unter Luxemburger Herrschaft durchlebte Wrocław die große Blütezeit. Seit Karl IV. erlangte es zahlreiche Privilegien, z.B. Recht zur Münzprägung. 1353 wurde die Stadt erneut befestigt, und 1375 entstand das Bürgermeisteramt. Um die Wende des 14. und 15. Jh. erfährt die Stadt soziale Unruhen auf wirtschaftlichem Hintergrund und nimmt am Kampf gegen Hussiten bei Förderung der Luxemburger Politik teil. 1469 kommt Wrocław bei Leistung des Lehnseids an Matthias Corvinus kurz unter ungarische Herrschaft.

Nach Übernahme des Prager Throns durch Jagiellonen kam für Wrocław das goldene Zeitalter. Während der Reformation erfolgte der Übergang vom Katholizismus auf Luthertum äußerst friedlich. Beide städtische Pfarrkirchen (zu Hl. Maria

Zeiten der Habsburger

Breslauer Panorama ca. 1700 – Graphik von Peter Schenk

Magdalena und Hl. Elisabeth) wurden zu protestantischen Kirchen (jeweils 1523 und 1525) und der katholische Glauben verblieb nur auf der Dominsel und in einigen linksseitigen Klöstern. 1526 starb bei der Schlacht bei Mohács mit Türken der letzte aus dem Jagiellonen-Geschlecht auf tschechischem Thron – König Ludwig der Jagiellone, und Wrocław gelang mit ganz Schlesien für 215 Jahre unter Herrschaft der Habsburger.

Zur Habsburger Zeit verlor die Stadt ihre privilegierte Position und Unabhängigkeit. An Bedeutung gewann immer mehr die deutsche Sprache. 1530 wurde Breslau das Fünffeldwappen verliehen. Seit der 2. Hälfte des 16. Jh. wurden um die Stadt herum Befestigungen der italienischen Art – Bastionen, errichtet. Nach Ausbruch des Dreißigjährigen Krieges 1618 schloss sich Breslau der antihabsburgischen (antikatholischen) Konföderation der Tschechischen Krone an. Während des Krieges erlitt die gut befestigte Stadt, im Gegensatz zur Dominsel, keine großen Schäden. Nach dem Krieg erfolgte eine Wirtschaftskrise, aus der Breslau erst um 1675 herauskam. Es nahmen auch Konflikte auf religiösem Hintergrund zu – Bürger von Breslau protestierten heftig gegen die durch die Habsburger geführte Rekatholisierung.

Jedoch kam mit Zulauf von katholischen Geistlichen und Staatsbeamten die Widerbelebung des Bauwesens, verbunden mit Bau oder Umbau von Kirchen und Klöstern im Barockgeiste. Die nach Breslau 1638 herbeigeholten Jesuiten gründeten ein Kollegium, umgestaltet 1702 in die Leopoldinische Akademie mit zwei Fakultäten: Philosophie und Theologie. 1740 starb Karl VI. von Habsburg, und dessen Platz nahm Maria Therese ein. Das verursachte eine Krise in der Habsburger Monarchie, was der junge Ferdinand II. von Hohenzollern nutzte, der Schlesien mit Waffengewalt überfiel und es an Preußen anschloss. Breslau änderte erneut seine stattliche Zugehörigkeit.

Nach Besetzung von Breslau durch Preußen löste der König die städtische Selbstverwaltung auf, und 1748 gründete er den Magistrat. Seitdem herrschten hier Personen außerhalb von Schlesien, oft Soldaten. Wegen Strategie änderte der König die Stadt in eine Festung um, und 1742 machte er aus ihr die Haupt- und Residenzstadt. Nunmehr war Breslau die dritte nach Berlin und Königsberg Hauptstadt des Königreichs Preußen.

Dominsel ca. 1740

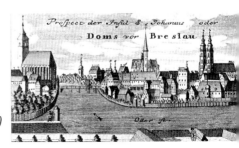

Preußische Zeiten

Der König bevorzugte aber Berlin und nutzte die kalte Progression von Breslau, als der reichsten unter allen Städten. Während des dritten Schlesischen Krieges (1757–1763) erlitt die Stadt auch finanzielle Schäden. Am Ende des 18. Jh. begann sie aber den wirtschaftlichen Aufschwung zu erleben, teilweise durch die weiteren drei Teilungen Polens. Intensiv entwickelte sich die Breslauer Vorstadt, die sich in Dörfer mit Residenzcharakter umwandelte, während die durch den Schutzmauerring erstickende Stadt überfüllt war, und von Reisenden als „geräuschvoll, schmutzig und stinkend" bezeichnet wurde. Nach einigen hundert Jahren kamen nach Breslau Juden zurück, die schnell zur einflussreichen Gruppe heranwuchsen.

Universität 1790-1810 mit provisorischem Übergang

Während napoleonischen Kriegen eroberte die französische Armee die Stadt am 2.01.1807, und einen Tag später beschloss Napoleon die Stadtmauer zu zerstören, Bastionen zu ebnen und Promenaden entlang des Stadtgrabens zu bauen. 1808 wurde an Breslau die hiesige Vorstadt angeschlossen und neue Stadtordnung mit wählbarem Rat und dessen Ausführungsorgan – Magistrat, und Oberbürgermeister eingeführt.

1810 wurden kraft des Säkularisationsedikts in der Stadt alle, außer den sich mit Erziehung und Krankenpflege befassenden, Klöster liquidiert. Ein Jahr später entstand die Universität mit fünf Fakultäten und Breslau wurde zur Hauptstadt der Provinz Schlesien. Nächste Jahre waren eine Blütezeit. 1841 begann die Tätigkeit das Stadttheater bei ul. Świdnicka, danach wurde eine der ersten in Europa Eisenbahnlinien in Betrieb genommen, die Breslau mit Oława verband. 1865 eröffnete man den Zoo. Ein Jahr später wurde der Innengraben zugeschüttet und 1871 die moderne Stadtwasserleitung in Bewegung gesetzt. Breslau zog Nutzen aus der Kriegssteuer, gezahlt durch Frankreich nach verlorenem preußisch-französischen Krieg, die erhöhte Industrialisierung des vereinigten Deutschlands (1871) erlaubte. Die Stadt erlebte den baulichen Boom, der aber der rasch wachsenden Bevölkerungszahl nicht nachkam. Ende des 19. Jh. brachte den Einwohnern weitere Vorteile – Entwicklung des Stadtverkehrs und Versorgung weiterer Stadtteile mit fließendem Wasser, Gas und Elektrizität. Es wurden neue Parks, Pferderennbahn angelegt und städtische Badehäuser eröffnet. Das Kulturangebot wurde um weitere Museen und Theater bereichert.

Kurz vor Ausbruch des 1. Weltkriegs verbat man in der Stadt den Handel und versetzte die Kaufmänner in zwei Markthallen. 1910 wurde im Dorf Gądów Mały, westlich des Zentrums, der Flughafen eröffnet, und drei Jahre später, für die Aus-

Kazimierza Wielkiego Straße anstelle der Innengrabens – sog. „Schwarze Ohle" zugeschüttet 1866

stellung, organisiert anlässlich der Hundertjahrfeier zum Erlass des Aufrufs *An mein Volk*, die Jahrhunderthalle errichtet.

Der 1. Weltkrieg unterbrach den Stadtausbau. Obwohl die Kriegsmaßnahmen die Hauptstadt Niederschlesiens verschonten, fühlten ihre Einwohner deutlich Strapazen der Kriegswirtschaft. Als Folge des Krieges fand sich Breslau bloß 50 km von deutsch-polnischer Grenze, und Niederschlesien wurde die vergessene und vernachlässigte deutsche Provinz. Breslauer Industrie verlor ihre Absatzmärkte, und die Stadt wurde durch die größte Übervölkerung, schlimmste sozial-existenzielle Bedingungen, niedrigste Löhne in ganz Deutschland und höchste Arbeitslosigkeit berühmt. Verbesserung von Lebensbedingungen suchte man u.a. in Verwaltungsausweitung. 1928 vergrößerte Breslau seine Fläche, und manche der damaligen Ideen werden erst jetzt realisiert. Ein Jahr später wurde das Bistum Breslau zum Rang des Erzbistums erhoben.

Nach Übernahme der Macht durch Adolf Hitler wurde Breslau zur „treusten Stadt des Führers". Kurz vor Ausbruch des 2. Weltkrieges zählte sie über 600 000 Einwohner. Den größten Teil bildeten Deutsche. Die Judengemeinde nahm nach Ereignissen 1933-38 fast vierfach ab, und die Breslauer Polonia mit der Zahl von ca. 3000 Personen existierte im September 1939 praktisch nicht mehr. Bis 1944 wurde Breslau für eine sichere Stadt – Festung gehalten, deshalb stieg die Einwohnerzahl bis 1 Mio. Vor Ende Januar 1945 wurden die meisten Dokumente und Kunstwerke aus der Stadt weggebracht und gesichert. Am 19.01.1945 wurde die Evakuierung der Zivilbevölkerung angeordnet, schon am 15.02.1945 wurde Breslau durch die Rote Armee umzingelt und zwei Tage später begann sie dessen Besetzung, die nur (und bloß) 80 Tage dauerte. Am 1. und 2. April 1945 (Ostern) zerstörte die ununterbrochene Bombardierung viele wertvolle Sehenswürdigkeiten. Fanatische Verteidigung der Stadt, die 70% der Stadtbebauung und ca. 80 000 Menschenleben verschlang, endete am 6. Mai 1945 (4 Tage nach Eroberung von Berlin), Wrocław fand sich kraft

Zeiten nach dem 2. Weltkrieg

in Jalta abgeschlossener Abkommen erneut in polnischen Grenzen.

Ende 1945 begann die Aussiedlungsaktion von Deutschen. An deren Stelle kamen Polen nach Wrocław, vor allem aus Masowien, Ost- und Großpolen. Außerdem brachte man aus Lemberg nationale Reliquien in Form der gnadenvollen Gemälde, Panorama von Racławice, teilweisen Ossolineum-Sammlung und Fredro-Denkmals. 1948 wurde in der Volkshalle und auf anliegendem Gelände die Ausstellung der Widergewonnen Gebiete organsiert. Ein Jahr später interessierte sich die Hauptverwaltung für Wrocław nicht mehr so stark, was das Tempo des Wideraufbaus hemmte sowie den wirtschaftlichen und geistigen Schwund der Stadt bewirkte. Durch nächste

Dominsel im Mai 1945. Sichtbarer zerstörter Dom

Jahre diente Wrocław vor allem als Ziegellieferant für das sich aufbauende Warschau, und manche Breslauer Sehenswürdigkeiten retteten sich durch Zufall vor „Eifer zur Stadträumung von Ruinen". Zum Glück wurden die wichtigsten Objekte, wie: Dom, Rathaus, Universität und viele andere aufgebaut. Lockerung des Parteikorsetts Ende der 50er-Jahre fruchtete mit Explosion der avantgardistischen Theaterszene und zahlreichen Festivals. Aus dieser Zeit stammen solche Initiativen, wie: Pantomimentheater (1958), Kalauertheater (1958), Jazz an der Oder (1964), Wratislavia Cantans (1965), Labortheater der 13 Reihen (1965) oder Gegenwartstheater (1967). 1963 wurde die Stadt von der Pockenepidemie befallen, infolge der 100 Personen starben. In 70er-Jahren entstanden in Wrocław eine der landesweit interessantesten architektonischen Realisierungen dieser Zeit: sog. Breslauer Manhattan (Sedesowce), Trzonolinowiec,

Ausstellungsgelände bei der Jahrhunderthalle (ehemalige Volkshalle). Sichtbarer Turm entstand am 3. Juli 1948 auf der „Ausstellung der Wiedergewonnenen Gebiete"

Neues goldenes Jahrhundert

DOLMED und Hl.-Geist-Kirche. Anfangs der 80er-Jahre war Wrocław neben Gdańsk (Danzig) das Zentrum von „Solidarność", und ein großes Ereignis war Besuch von Johannes Paul II. Die am 21.06.1983 in Hartlieb gehaltene Messe sammelte die in der Stadtgeschichte größte Menschenmenge – ca. 700 000 Personen.

Politische Änderungen 1989 brachten Wrocław eine Reihe finanzieller Probleme. Erste Anzeichen für die Bewältigung der Wirtschaftskrise zeigten sich in Hälfte der 90er-Jahre. 1997 fand in Wrocław der Internationale Eucharistische Kongress statt, und ein Monat später wurde nach dessen Beendung die Stadt von der größten in der Geschichte Flut betroffen. Schäden, die sie verursachte, konnten in kurzer Zeit ausgeräumt werden, und erhaltene finanzielle Zuwendungen verbesserten die Lebensqualität. Eine Gelegenheit zum Feiern war 2000 der runde Jahrestag zur Gründung des Bistums und ersten Erwähnung über Wrocław. Danach erfolgte rasche wirtschaftliche Entwicklung der Stadt, die im Laufe einiger Jahre von vergessener, grauer und uninteressanter Stadt zu einer der wichtigsten polnischen Metropolen, attraktiv für Bauherren und Touristen, wurde. Derzeit realisierte und geplante neue Bauvorhaben, sowie große Events, deren Wrocław in nächsten Jahren Veranstalter wird, erlaubt zu meinen, dass für Hauptstadt Niederschlesiens erneut das goldene Zeitalter eintrat.

Wrocław erlebte nicht nur die Erneuerung vieler Sehenswürdigkeiten, aber gewann einige Objekte und Attraktionen, die zu Stadtikonen der nächsten Jahre werden. Alle neuen Bauvorhaben kommen dem Bedürfnis der Verbindung von Moderne mit Funktionalität und visueller Attraktivität entgegen. Gute Beispiele dafür sind: Integriertes Studentenzentrum der Technischen Universität Breslau (sog. *Serowiec*, Wybrzeże Wyspiańskiego), neues Gebäude der Staatlichen Theaterhochschule (ul. Braniborska), Bibl. der Wirtschaftuniversität (ul. Wielka), Universitätsbibl. (Umkreis der Friedensbrü-

Grunwaldzki Pl., links: Bebauungen der Technischen Universität Breslau, Grunwaldzki-Brücke, Sedesowce (Hochhäuser), Einkaufszentrum Pasaż Grunwaldzki, unten – R.-Reagan-Kreisverkehr

Modernes Breslau

cke), neues Gebäude der Fakultät für Keramik und Glas bei Akademie der Bildenden Künste, sowie neue Einkaufszentren (Renoma-Teil, Pasaż Grunwaldzki, Arkady), das höchste Wohngebäude im Land – Sky Tower (212 m, ul. Powstańców Śl.), sowie Konzerthalle der Musikhochschule, neue Bühne des Capitol-Theaters. 2015 wurde der Bau des Nationalen Musikforums abgeschlossen und Sanierung des Vier-Kuppel-Pavillons (neben der Jahrhunderthalle) beendet worden. Besonders populär bei Einwohnern und Touristen, nicht nur den jüngsten, ist der multimedialer Brunnen bei Jahrhunderthalle,

Appartement-Büro-Handelskomplex Sky Tower

größte polnische Wasserpark beim Andreas-Hügel und das im Zoo Afrikarium. Über die Modernität der Stadt zeugen Verkehrsbegünstigungen: Autobahn-Ringstraße von Wrocław mit der größten Brücke (Rędziński-Brücke) in Polen, neues Terminal des Flughafens im Westteil der Stadt und zwei errichtete Ringstraßen im Ostteil. 2011 entstand das Fußballstadion (42T Zuschauer), gebaut für die EURO-Meisterschaft 2012, und im Hinblick auf Organisierung von World Games 2017 ist die olympische Schwimmhalle, spezielle Rollschuhfahrbahn und mehrere Sportobjekte entstanden. 2016 ist Wrocław die Europäische Kulturhauptstadt geworden.

Breslauer Station-Lampion „umhüllt" mit durchsichtigem Glasfasernetz, überdeckt mit Teflon. Die Fassade (einzige dieser Art im Land) kann die Illuminationsfarben abhängig vom Eventtyp wechseln. Fläche der Bebauung beträgt 41T m2, und das 39 m hohe Objekt besitzt sechs Etagen.

Wahrzeichen

Wappen. Das erste Wappen wurde Wrocław wahrscheinlich auf dem Hof von Karl IV. im 14. Jh. verliehen. Das aktuelle gilt seit 1990, aber wurde der Stadt erstmals am 12.03.1530 kraft des Wappenprivilegs des tschechisch-ungarischen Königs Ferdinand I. zugeordnet, was der Kaiser Karl V. durch die Urkunde vom 10.07.1530 bestätigte. Im rechten unteren[1] Wappenfeld steht die Buchstabe W – vom lateinischen Namen der Stadt

Wappen von Breslau auf dem Ratshausturm

Wratislavia. Im linken Oberfeld befindet sich auf goldenem (gelbem) Hintergrund ein schwarzer Piastenadler mit sog. Halbmond und Kreuz auf der Brust – Symbol des Herzogtums Schlesien. Das ovale Hauptfeld ist eine silberne (weiße) Schüssel mit abgeschnittenem Haupt des Johannes des Täufers. Weil zum Zeitpunkt der Wappenverleihung an Wrocław die Stadt zur Tschechischen Krone gehörte, fand sich im rechten Feld ein tschechischer weißer Löwe mit zwei Schwänzen auf rotem Hintergrund. Das linke Unterfeld nimmt das Brustbild des Hl. Johannes des Evangelisten auf gestürzter Krone ein. Da der Hl. Johannes als Junge mit Locken und ohne Bart gezeigt wird, wurde er oft für Hl. Dorothea – Patronin deutscher Ansiedler, gehalten. 1938 ersetze die Naziregierung das Wappen durch das Zweifeldwappen, im dessen Oberteil der dem Naziadler ähnelnde

Piastenadler und im Unterteil das Eiserne Kreuz zu sehen sind. Zum alten Wappen wurde nach Ende des 2. Weltkrieges zurückgekehrt, aber 1948 ersetzte es die Regierung der Volksrepublik Polen durch ein neues. Darauf befand sich ein zweiköpfiger Adler: im rechten Feld auf rotem Hintergrund – weißer Piastenadler aus polnischem Staatswappen, und im linken Feld – schwarzer Schlesienadler auf gelbem Hintergrund mit weißem Halbmond ohne Kreuz.

Flagge. Derzeitige Flagge von Wrocław ist rot-gelb, was an das Stadtwappen anknüpft. Bis 1938 wurden andere Farben angewandt: abwechselnde, waagerechte rote und weiße Streifen.

Turmlied Das Breslauer Turmlied basiert auf 4 ersten Takten des Volksliedes *We Wrocławiu na Rynecku*.

Patrone von Wrocław. Seit 1963 ist der Hauptpatron von Wrocław der **Sel. Ceslaus**. Er wird für den Bruder des Hl. Hyazinths gehalten,

---

[1] *heraldische Reihenfolge, d.h. umgekehrt, gesehen von Seite des das Schild haltenden Ritter;*

Breslauer Wahrzeichen: Patrone, Stadtlogo, Werbeslogan

zusammen mit ihm trat er in Rom dem Dominikanerorden bei. 1222 kehrte er nach Polen zurück, wo er vier Jahre später in Wrocław die Hl.-Adalbert-Kirche übernahm und hier ein Kloster gründete. Während des Mongolen-Überfalls am 6.04.1241 floh er mit anderen Einwohnern auf die Dominsel, dank seinen innigen Gebeten verzichteten die Mongolen auf weitere Belagerung von Wrocław, denn sie erschreckenden sich vor der aus dem Himmel kommenden roten Flamme über dem Kopf von Ceslaus. Ab Ende des 15. Jh. erscheint in Erzählungen anstatt der Feuersäule die brennende Kugel, die seit einiger Zeit das Merkmal dieses Seligen ist. Ceslaus starb am 15.07.1242 und laut des Heiligtums wurde er in der Hl.-Adalbert-Kirche begraben. Auf Bitte des schlesischen Klerus, des Kaisers Leipold I. und Königs Johann III. Sobieski erklärte ihn der Papst Klemens XI. für selig. Dessen Festtag wird am 20. Juli gefeiert.

Der entscheidend populäre Stadtpatron ist aber der **Hl. Johannes der Täufer**, der auch Schutzheiliger der Diözese Breslau und des Doms auf der Dominsel ist. Dessen Bild zeigte man erstmals auf dem repräsentativen Stadtsiegel 1292, und im Laufe weiterer Jahrhunderte wurde er Teil des Wappens, festgehalten in der Stadtarchitektur. Am dessen Geburtstag, 24. Juni, wird der **Feiertag von Wrocław** begangen.

Hl. Johannes der Täufer – romanische Figur aus 1160 (Erzdiözesanmuseum in Wrocław)

Eine von Gestalten im Stadtwappen ist der **Hl. Johannes der Evangelist**, der seit dem 14. Jh. Patron des Breslauer Stadtrates und Rathauskapelle war.

Stadtlogo. Dessen Form knüpft an die Buchstabe W an, in die der stilisierte, dekorative Giebel der Ostfassade des Rathauses eingebaut wurde. Wird seit 1996 gebraucht.

Werbeslogan der Stadt. Seit mehreren Jahren nutzt die Hauptstadt des Niederschlesiens einen Werbeslogan *Wrocław – Stadt der Begegnung*. Er bezieht sich auf die durch Johannes Paul II. während der Messe *Statio Orbis* zur Beendung des 47. Internationalen Eucharistischen Kongresses in Wrocław ausgesprochenen Worte. Bei Begründung seiner Wahl von Wrocław als Ort der Kongressorganisierung sagte der Papst: „*Wrocław ist eine Stadt, die am Berührungspunkt dreier strickt mit sich verbundener Länder liegt. Es ist eine Stadt der Begegnung, die vereinigt. Hier trifft auf sich in gewisser Weise die geistliche Tradition des Ostens und Westens*".

Zwerge. Es ist schwer zu sagen, wann sich die Zwerge in Wrocław niederließen, aber die meisten von ihnen strömten auf Straßen in 80er-Jahren des 20. Jh. und letzter Zeit. Deren Bildnisse erschienen erstmals 1982 und wurden durch Mitglieder der „Orangen

Breslauer Zwerge

Säulenzwerg aus Solny Platz – einer von vielen „Nutzern" der Breslauer Laternen

Alternative" bemalt – Bewegung, die gegen die polnische Realität in der Volksrepublik Polen protestierte und in 80er-Jahren durch die in Wrocław organsierten Happenings berühmt wurde. Zu den bekanntesten, durchgeführt in der Regel auf ul. Świdnicka nahe der Uhr, wo seit 2001 Papa Zwerg steht, gehörten: Tag des Geheimdienstmitarbeiters, Bettlerkarneval, Zwergenrevolution. Anführer dieser Bewegung war Waldemar *Major* Fydrych.

Der auf der Wand gemalte Breslauer Zwerg war eher dünn, lächelnd, trug eine orange Kleidung und hielt in der Hand eine Blume. Das bis heute erhaltene Bild kann man sich auf ul. Smoluchowskiego nahe

Sisyphoschen auf Świdnicka Straße

des Hauptgebäudes der Technischen Universität Breslau ansehen. 2005 entstanden auf Straßen weitere fünf Figuren (u.a. *Sisyphoschen, Wäscher, Fleischer*), heute kann man sie in fast jeder Ecke von Wrocław treffen, nicht ausgenommen der Hochschule, Gärten, Läden, Zoo oder Flughafen. Ende 2015 wurden über 350 gezählt.

Zwerg Schlafmütze beim Mietshaus „Jaś" – „bewacht" den Eingang ins Zwergdorf

Piroggenzwerg aus Kuźnicza Str.

STADT DER INSELN UND BRÜCKEN

Der wesentliche Teil von Wrocław ist auf den Inseln gelegen. Die meisten davon befinden sich auf der Oder im Stadtzentrum mit Bürgerwerder und Sandinsel an der Spitze. Als die größte gilt die sog. Große Insel, auf der u.a. der Zoo und Szczytnicki-Park liegen. Es gibt auch eine Insel nur im Namen – Dominsel, einst tatsächlich mit dem Oder-Arm umgeben (zugeschüttet).

Wie viele Brücken gibt es in Wrocław? Viele, aber um eine genaue Antwort ist es schwer. Am häufigsten stößt man auf die Zahl von ca. 130, weswegen Wrocław als *Venedig des Nordens* genannt wird, obwohl sich mehr Brücken in Petersburg, Amsterdam oder Hamburg befinden. Der korrekte und wohlverdiente Namen ist *Polens Venedig*. Die meisten und spektakulärsten Übergänge wurden am Oder-Wasser durchgeführt, jedoch setzen sich auf die allgemeine Brückenzahl Konstruktionen zusammen, die Ufern des Stadtgrabens, Oder-Altwasser sowie andere Flüsse und Bäche verbinden.

Unter allen Brücken befinden sich die ältesten auf dem uralten Handelsweg nahe der Dominsel. Der älteste erhaltene Übergang (1861) ist die **Sandbrücke** ❿ mit Niet-Stahlbau. Einst hölzern, hatte durch Jahrhunderte den Charakter der Klappbrücke. Aus dem kleinen Brückenwiderlager[1] erstreckt sich von Seite der Markthalle eine wunderschöne Aussicht auf die Dominsel, und am Ufer der Sandinsel kann man sich den Zwerg *Oderwäscher* ansehen, der im Oder-Wasser seine Wäsche macht.

Die Dominsel verbindet mit der Sandinsel die **Dombrücke** ⓫ (1892), die früher Grenzen der kirchlichen Gerichtsbarkeit bildete. Darauf stand ein Grenzpfahl, der zeigte, wo das Stadt- und wo das Kirchenrecht galt. Es war üblich, dass Herrscher, die auf die Dominsel kamen, aus Respekt für den hiesigen Bischof die Brücke zu Fuß mit bloßem Kopf überqueren mussten. Seit vielen Jahren gilt sie auch als die Brücke der Verliebten, daher die Tradition der Aufhängung von Schlössern. Nach Schätzungen können es ca. 40T mit dem Gesamtgewicht von 10 t sein. Sie werden für die Zeit der Brückenrenovierung entfernt. Ob sie wiederkehren, wird sich zeigen.

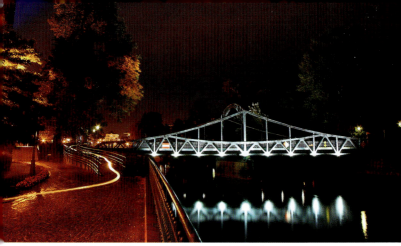

Breslauer Brücken: Dom-, Millennium-, Sand-, Grunwaldzki-Brücke

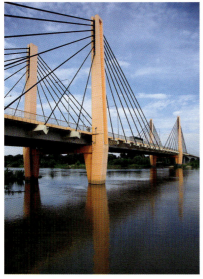

Breslauer Brücken

Auf einer der Straßen-Gaslaternen bei der Brücke – Zwerg *Leuchtturmwärter*.

Östlich des Stadtzentrums befindet sich die **Zwierzyniecki-** und **Grunwaldzki-Brücke**. ❷⓿. Die erste stammt aus dem Ende den 19. Jh.. Die früher an ihrer Stelle bestehende Konstruktion wurde als Passbrücke genannt, was sich auf den daran stehenden Kontrollpunkt bezog, wo seit 1704 geprüft wurde, ob die in die Stadt kommenden Personen keine Pest haben. Die charakteristische und prachtvolle Figur der Brücke bilden Träger[2] in Form von Bögen und vier Obelisken[3] aus rotem Sandstein, auf deren Spitzen man ein Fragment des Wappens von Wrocław erblicken kann.

Die zweite Brücke ist der bekannteste Übergang in Wrocław. Sie wurde am 10.10.1910 eröffnet und zielte auf die Verkürzung des Wegs vom Zentrum zu Hochschulobjekten, Zoo und Ausstellungsgelände, das im Ostteil der Stadt entstand, ab. Sie wurde Kaiserbrücke genannt, geändert nach dem 1. Weltkrieg in Freiheitsbrücke, und nach dem 2. Weltkrieg in Grunwaldzki-Brücke. Während des Wiederaufbaus wurden aus Pylonen, die an Tore erinnerten, Reliefs mit dem Wappen des Schlesischen Landes – Adler in preußischer Stilisierung – entfernt und nur das Wappen von Wrocław bewahrt. Anfangs der 80er-Jahre des 20. Jh. war die Grunwaldzki-Brücke Zeugin der Demonstration gegen die Volksgewalt, darunter des regulären Kampfes mit der Sonderpolizeieinheit ZOMO am 31.08.1982. Aus konstruktiver Sicht ist sie eine Hängebrücke, aber mit der landesweit einmaligen Lösung der Feldaufhängung[4]. Ihre „Seile" haben die Form von Strängen aus vier breiten mit einander genieteten Blechstreifen. Die Breite der Brücke beträgt 126,6 m, was ihr zum Zeitpunkt des Baus den zweiten Platz unter Hängebrücken in Deutschland gab. Bis heute bleibt die Grunwaldzki-Brücke die einzige Straßen- und Straßenbahn-Hängebrücke in Polen.

Nach der Nachkriegsrekonstruktion und Stillstand im Brückenbauwesen entstanden in Wrocław in den letzten Jahren einige neuen Konstruktionen, darunter zwei Wantbrücken[5] im Westteil der Stadt: **Millennium-** und **Rędziński-Brücke**. Die zweite ist derzeit die größte Brücke in Polen. Ihr Stahlbetonbau ist nur auf einem Pylon mit der Höhe von 122 m aufgehängt. Es ist die höchste Konstruktion dieser Art in Land. Der Übergang ist 612 m lang.

---

[1]*Widerlager – Grenzstütze der Brücke;*

[2]*Träger – horizontaler Bauteil der Baukonstruktion, gewöhnlich mit größerer Länge, hier: Träger haben die Form des Gitterwerks;*

[3]*Obelisk – (Pinakel) hoher, schmaler Pfosten, gewöhnlich vierseitig und nach oben verengt; angewandt als Teil der architektonischen Ornamentik und eine von Denkmalformen;*

[4]*Feld – Fragment des Tragwerks des zwischen zwei Stürzen (Pfählen, Pfeilern, Wänden) gespanten Baus – Brücken- und Überführungsfeld;*

[5]*Hängebrücke (Wantbrücke) – Brücke mit Feldplatte, aufgehängt auf Strängen, die auf Türmen, auch Pylonen genannt, befestigt werden;*

BRESLAUER KULTUR UND SPORT

Wrocław ist neben Warszawa und Kraków das meist geschätzte Kulturzentrum in Polen. In der Stadt gibt es drei Kunsthochschulen: Akademie der Bildenden Künste, Akademie für Musik, Staatliche Theaterhochschule, sowie Opernhaus, Philharmonie und zahlreiche Theater: Polnisches, Gegenwarts-, Musiktheater CAPITOL, Pupen-, Pantomimentheater und viele andere tätig. Eine Reihe von Events findet auch in Breslauer Kirchen, Universitätsaulen, sowie Kunstzentrum IMPART statt. 2013 wurde die neue Konzerthalle der Akademie für Musik zur Nutzung übergeben, und 2013 beendete man den Bau des Nationalen Musikforums. Das Museumangebot garantieren über 20 Einrichtungen, die davon wichtigsten sind: das Nationalmuseum mit Panorama Racławice und Ethnographischem Museum, Stadtmuseum mit Rathaus, Königspalast, Arsenal und Jüdischer Friedhof, Museum für Architektur (einziges im Land), Post und Telekommunikation (einziges im Land), der Technischen Universität Breslau, Natur- und Erzbistum-Museum. Eine neue Attraktion ist das multimediale Wissenschaftsmuseum Humanitarium, Wassermuseum Hydropolis sowie das Vier-Kuppel-Pavillon, das Sitz des Museums der Gegenwartskunst – Außenstelle des Nationalmuseum in Wrocław, bildet. Unter Kunstgalerien nimmt einen besonderen Platz Büro für Kunstausstellungen Wrocław ein.

Dauerhaft schrieben sich in das Event-Kalendarium folgende Veranstaltungen ein:

- **März**: *Jazz an der Oder*, Studentenliedfestival *Łykend*, *Festival der Singenden Schauspieler*, *Shanties in Wrocław*;
- **April**: Festival des Amateur- und Unabhängigen Kinos *KAN*, *Musica Polonica Nova*;
- **Mai**: *Thanks Jimi Festival*, *Mai mit Alter Musik*, Festival der Judenkultur *SIMCHA*, Breslauer Biennalen der Medienkunst *WRO*;
- **Juni**: *Europa auf der Gabel*, Feiertag von Wrocław, Johannisnacht, Johannismarkt, *WrocLove Fest*, Opernfestival;

Sportevents

Das Straßentheaters auf dem Marktplatz

- **Juli**: *Brave Festival, Abende im Arsenal,* Internationale Filmfestival *Neue Horizonte;*
- **Juli – August**: *Breslauer Orgelsommer;*
- **September**: *Wratislavia Cantans, Niederschlesisches Wissenschaftsfestival,* Theaterfestival *DIALOG* (je 2 Jahre);
- **Oktober**: Kontrabassfestival, *Visegrad-Festival,* Festival der US-Filme;
- **November**: *Jazztopad, Breslauer Treffen Eines Schauspielers, Freundlichkeitstag,* Breslauer Gitarrenfestival, *Krimi-Festival;*
- **Dezember**: Weihnachtsmarkt, *Breslauer Werbung für Gute Bücher.*

Seit vielen Jahren führt die Gruppe des Puppentheaters an gewählten Stadtorten Vorstellungen mittels des sog. Märchenbusses auf. Dagegen findet jeden Silvester auf dem Markt ein großes Konzert statt, während dem viele Breslauer und Gäste das Neue Jahr begrüßen. Wrocław verleiht auch zwei bedeutende literarische Preise: Angelus und Silesius. Die Stadt selbst war Heldin u.a. der Krimi-Serie über den Detektiv Eberhard Mock. Dieses reichte Kulturangebot half Wrocław den Titel der Europäischen Kulturhauptstadt 2016 zu gewinnen.

Auch der Sport spielt eine wesentliche Rolle im Leben von Wrocław ab. In der Stadt ist die Sportakademie und eine Reihe von Sportclubs tätig: WKS ŚLĄSK, KS GWARDIA, WTS Wrocław, AZS. Die größten Sportobjekte in Wrocław sind: Olympiastadion-Komplex, Stadtstadion, gebaut für **Europa-Fußballmeisterschaft 2012**, Sporthalle Orbita und Jahrhunderthalle. Zu den wichtigsten zyklischen Sportevents gehören: Odra Cup – Ruderwettkämpfe (Mai), Breslauer Marathon (September) und zahlreiche Reiterveranstaltungen auf der Pferderennbahn - Hartlieb. In den letzten Jahren hat sich das Sportangebot der Stadt um das Olympiaschwimmbad, das im Rahmen der Vorbereitungen für die Organisation der **The World Games 2017** in Wrocław errichtet wird, erweitert

Filmvorführung auf dem Markt - Filmfestivals Neue Horizonten

d daneben:
anks Jimi Festival - *Aufstellung des Guinness-Rekords beim Gruppen-Singen des Lieds Hey Joe*

BESICHTIGUNG VON BRESLAU

Breslau kann man auf verschiedene Weise besichtigen. Natürlich ist meist traditionell der Spaziergang, allein oder mit Führer, mit einem der vielen Touristikwege, darunter Zwergen-Route. Touristen, die über wenig Zeit verfügen oder den Aufenthalt bereichern wollen, stehen einige Varianten zur Wahl. Auf dem Markt warten auf sie **Droschken** (ca. 150 PLN/1h/4 Pers.), sowie kleine **Melex** (bei den Mietshäuser Hänsel und Gretel und auf pl. Solny; ca. 220 PLN/2h/4 Pers.), die Stadtrundfahrten mit verschiedenen Strecken und Kommentar des Führers anbieten. Im Sommer fahren jedes Wochenende von pl. Teatralny vor dem Opernhaus in Richtung der Jahrhunderthallte und Zoos historische **Straßenbahnen** (2-6 PLN/Pers.) ab, die an den wichtigsten Stadtattraktionen vorbeifahren. Nahe der Markthalle und des Zoos ist es möglich, das Deck eines der Passagier**schiffe** (17-22 PLN/1h/Pers.) zu betreten und die Stadt aus Perspektive des Flusses, auch in der Nacht, zu betrachten, was unvergessliche Eindrücke liefert, denn mehrere Objekten an der Oder sind wunderschön beleuchtet. Die Stadt kann man auch von der Oder bei Ausleihung des **Motor-** (80/1h) oder **Paddelbots** (15/1h/2Pers.) aus dem Gondelhafen (neben dem Nationalmuseum) bewundern. Seit 2011 funktioniert in der Stadt das **Fahrrad**verleihsystem (ab 2 PLN, Anmeldung auf: www.nextbike.pl), und das dichte Netz von Fahrradwegen erlaubt, die Stadt sicher zu besichtigen.

Eine Reihe von nützlichen Informationen über die Attraktionen von Breslau befinden sich auf den Websites: www.wroclaw-info.pl und www.rekreacja.wroc.pl.

Zwischen vielen Breslauer Sehenswürdigkeiten, interessanten Objekten und Attraktionen wählten wir für Sie nur die wichtigsten, deren Besichtigung unvergessliche Einrücke garantieren wird. Zuerst besichtigen wir das Herz der Stadt – Marktplatz. Einzelne Objekte wurden mit Nummern versehen, deren Lokalisierung Sie auf der Karte in der Innenseite des Umschlags dieses Reiseführers finden.

Marktplatz

Teatralny Pl. – Haltestelle der historischen S-Bahn und... Fahrräder

Marktplatz ❶. Der Bau des Breslauer Markts mit dem ihn umgebenden regelmäßigen Straßennetz verbindet sich mit Verleihung von Stadtrechten nach dem Mongolen-Überfall 1241. Der Markt entstand am Ort der Kreuzung von Haupthandelsstraßen, der durch die Flutgefahr nicht bedroht war. Seine Größe (175 × 212 m, Fl. ca. 3,7 ha) platzierte ihn unter den größten Plätzen Europas. Erst im 19. Jh. wurde die Handelsfunktion des Markts eingeschränkt und ihm ein mehr administrativer und repräsentativer Charakter verliehen. Der Umbau der Decke und Schließung für Fahrzeuge in den 90er-Jahren des 20. Jh. machten aus ihm einen Ort, wo das Leben bis in die späten Nachstunden tobt.

Die Marktbebauung teilt ihn in vier kleinere Plätze. Auf dem größten (Westplatz), wo derzeit der Glasbrunnen „Quelle" steht, einst Wollmarkt oder Paradeplatz genannt, zeigten ehemalige Bürger neuen Herrschern ihre Ehrerbietung. Er war auch Ort der Turniere, Schauhinrichtungen und Lagerung von Waren, die auf der 1846 zerlegten Waage gemessen wurden. Heute finden hier staatliche und städtische Veranstaltungen, sowie viele Events statt. Die Nordseite des Markts bilden der Nasch-, Gemüse- und Kleidermarkt, dagegen wurde die Ecke an Mündung von ul. Kuźnicza Honigmarkt genannt. Im Ostteil des Marktes waren Pfuscher- und Weißgerberstände tätig, und die Ecke an Mündung von ul. Świdnicka bildete einst den Getreidemarkt. Bei südlicher Straßenfront, Goldene-Becher-Seite genannt, stand früher

Droschke auf dem Breslauer Markt, im Hintergrund Rathaus

...ld daneben: Gondelhafen mit Wassergeräteverleih

ein Galgen. Gefängnisverurteilte kamen in Kerker des Rathauses oder Gefängnis. Die Leibesstrafe wurde am Pranger auf der Ostseite des Markts vollzogen. In Umgebung, wo heute das A.-Fredro-Denkmal steht, befand sich der sog. Narrenkäfig, und bis 1569 existierte der Fischmarkt.

Im Mittelteil des Platzes erhebt sich das Rathaus, neben dem einst das Kaufmannshaus (Tuchhallen) platziert war, dahinter der Eisen- und Topfkram (Leiweberkram). Westlich werden die Übergänge durch das Stadthaus (Neues Rathaus), aktuell Sitz der Stadtverwaltung mit Büro des Stadtpräsidenten und Sitzungssaal des Stadtrates, geschlossen. In dessen Kellern befinden sich jetzt Restaurants und Minibrauerei Spiż.

Die den Mark umgebenden Gebäude bilden im großen Maße eine Nachkriegskonstruktion. Am wenigsten zerstörst ist die westliche Straßenfront mit den Mietshäusern Zur Goldenen Sonne, Zur Blauen Sonne und Zu Sieben Kurfürsten, die vom 15. bis zum 18. Jh. die Rolle der zeitweiligen Residenz von Monarchen, die Wrocław besuchten, erfüllten. Das in der Ecke stehende modernistische Bürohaus entstand 1929–1931.

Auf dem an den Markt angrenzenden **Plac Solny** wurde früher mit Salz aus Groß Salze gehandelt. Es wurden hier auch andere Waren aus Polen, wie Leder, Talg, verkauft. Aktuell funktioniert da der ganztägige Blumenmarkt, der um den „Drachen"-Brunnen konzentriert ist. Auf dem Platz das klassizistische Bauwerk der Alten Börse und Gebäude der ehemaligen Mohrenapotheke.

Westliche Straßenfront des Marktplatzes

Paradeplatz – Brunnen „Zdrój" (Quelle)

Breslauer Marktplatz   *Rathaus (Westfassade) und Neues Rathaus*

Rathaus ❸. Wird zu den hervorragendsten Sehenswürdigkeiten der spätbarocken weltlichen Architektur in Europa gezählt. Entstand etappenweise vom 13. bis zum 16. Jh. (siehe Abb. 1). Anfangs wurde ein zweistöckiges (hohe Keller und Erdgeschoß) Gebäude gebaut, das einen Teil des derzeitigen **Bürgersaals** bildet. Jährlich sammelten sich hier Bürger zur Wahl des Rates und Jury. Bei dessen Westwand stand ein niedriger Turm mit 15 m. In weiteren Ausbauten wurde das Rathaus um neue Säle und Kammern bereichert, wo man die wichtigsten Entscheidungen über die Stadt traf. Diese Innenräume und deren Ausstattung können heute dank dem im **Alten Rathaus** errichteten **Museum der Bürgerkunst** bewundert werden. Der Eingang ins Museum liegt auf der Westseite (beim Aleksander-Fredro-Museum). Im ehemaligen Bürgersaal befindet sich jetzt die **Galerie Berühmter Breslauer**. Beachtenswert ist das Sterngewölbe im **Gerichtssaal** und Renaissanceportal, das zur **Ratskammer** führt. Der meist representative Raum im Rathaus – Riesiger Saal – hat die Fläche von über 650 m^2, was ihn zu den größten Sälen unter gotischen Rasthäusern Europas anrechnet.

Besichtigung von Breslau

Bis heute ist es Ort der wichtigsten Stadtfeier. Das imposante Netzgewölbe ist durch Figuren mit 161 Schlusssteinen und 52 Kragsteinen geschmückt. Der **Fürstensaal**, der einst als Kapelle funktionierte, und nach der Reformation Tagungsort der schlesischen Fürsten war, präsentiert heute Silbererzeugnisse der Breslauer Goldmeister vom 14. bis zum 19.

Abb. 1. Rathaus

EG-Grundriss
0. Rathausturm (ehemaliges Städtisches Gefängnis)
1. Bürgersaal
2. Ausstellungsaale
3. Voigtkammer (Gerichtskammer)
4. Voigtkanzlei (Grüne Kammer)
5. Voigtkammer
6. Ratskammer
7. Ratskanzlei

Bauetappen des Rathauses

■	13./14. Jh. (~1300 r.)
■	30-er Jahre des 14. Jh.
■	1. Hälfte des 14. Jh. (1343-47)
■	2. Hälfte des 14. Jh. (1350-57)
■	1426 - 30
■	1450 - 71
■	1471 - 1510
▒	19. Jh.

1.OG-Grundriss
8. Riesiger Saal
9. Westliche Schiff des Riesigen Saals
10. südlicher Erker
11. Schöffenkammer
12. Saal des Fürstens (ehemalige Kapelle)
13. Kapellenerker
14. Kammer des Ratssenioren
15. Schatzkammer
16. südlich-östlicher Erker
17. Treppenhaus

☞ **Besichtigung des Museums der Bürgerkunst:**

Mittwoch - Samstag 10^{00} - 17^{00}
Sonntag 10^{00} - 18^{00}

Freieintritt in Dauerausstellungen

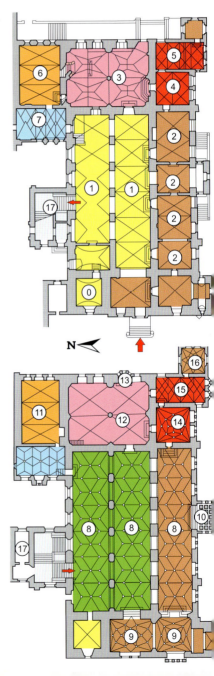

Rathaus

Jh.. In der **Seniorenkammer des Rates** hängt ein Gruppenbild von Schöffen und Ratsherren aus 1668 und auf dem Sterngewölbe wurden Wappen von 17 Ratsmitgliedern gezeigt.

Auf der ehemaligen repräsentativen

Einer der Museumssäle im Alten Rathaus – Schatzkammer

(Ost-)Fassade des Ratshaues kann man das Zifferblatt aus 1580 bewundern. Dagegen sind auf der meist dekorativen Südseite u.a. Figuren von Heiligen und Friesen mit geschnitzten Szenen, die das Leben der Breslauer Bürger, sowohl des Adels, als auch armen Volks, perfekt darstellen. 1891 wurde die Dekoration um Statuen ergänzt, die verschiedene Stadtstände vom mittelalterlichen Wrocław zeigen. In der Mitte Figur des betrunkenem Gesellen mit Krug und Kelch sowie der aufgebrachten Meisterin über dem Eingang zum Schweidnitzer Keller, das für das älteste Lokal dieser Art gehalten wird. Auf der Westseite des Rathauses erhebt sich der Turm mit 66 m, überdeckt mit dem Renaissancehelm. Darauf wurde 1368 eine Uhr montiert (in Krakau erst 1414, in Prag 1419) und das erste Bildnis des Breslauer Wappens, das der Stadt 1530 verliehen wurde, angebracht.

Südliches Schiff des Riesigen Saals im Rathaus *Voigtkammer – Portal führt zur Ratskammer*

Breslauer Rathaus – Elemente der Südfassade: Fragment des Frieses mit Szenen des Bürgerlebens

Frontons (Verzierungen) von Fenstern der zweiten Etage mit Wappensymbolen von Wrocław und Schlesien

Hl.-Elisabeth-Kirche

Hl.-Elisabeth-Kirche ❺. Bau der derzeitigen Basilika wurde 1482 bei Errichtung eines der höchsten Kirchentürme (130m) damaliger Welt beendet (130m). Nach der Katastrophe aus 1529 ist er leider viel niedriger. Die Hl.-Elisabeth-Kirche war einst eine von zwei städtischen Pfarrkirchen und 1525–1945 das wichtigste lutherische Gotteshaus im Schlesien. Unzerstört während des Krieges wurde sie nach 1945 an den römisch-katholischen Kult angepasst. Bedauerlicherweise verbrannte sie völlig bei der Generalrenovierung 1976. Erneut geweiht 1997 wurde sie kraft Beschlusses des Papstes zum Rang der kleineren Basilika erhoben (2003).

Außerhalb der Kirche lohnt es sich, das gotische **Portal** des Turms und **Tafel** zum Andenken an den Sturz des Turmhelms 1529, gemauert in die Wand neben dem Kirchenmodell für Blinde, zu sehen.

Aus der früheren Ausstattung blieb nur ein Teil erhalten, u.a. das **Altar** (1653) mit Figuren der vier Evangelisten, die auf Seiten der Nachbildung der Schwarzen Madonna von Tschenstochau stehen. Neben dem Altar gotisches **Sakramentarium** mit 15 m. Über dem Altar gegenwärtige **Vitragen** mit Schlachtenszenen. Im Presbyterium bewahrte sich das hölzerne **Gestühl** aus Ende des 15. Jh. und im Hauptschiff die wertvolle **Kanzel** (1652) aus Marmor und Alabaster. Auf der Westseite des Schiffs sichtbare **Empore**, bestimmt für den Preußenkönig Friedrich II. den Großen. Darüber befand sich die gewaltige barocke Orgel, derer Rekonstruktion für nächste Jahre vorgesehen ist. Unter der Empore wurde die Nachbildung der Muttergottes vom Tor der Morgenröte und Tafeln zum Andenken an Ereignisse der neusten Polengeschichte angebracht. Im Südschiff nahe des Altars prachtvolles **Grabmal** von H. von Rybisch und **Epitaph** der Familie C.H. von Valdau mit halberhabenen Alabaster-Bibelszenen. Auf Gegenseite der Kirche, in sog. nördlicher Vorhalle, gut erhaltene **Gemälde** auf Wänden und Wölbungen mit Bildern der Propheten, Apostel und Christus. Sehenswert

Innere der Hl.-Elisabeth-Kirche - Hautschiff, links sichtbare Kanzel

Innere der Hl.-Elisabeth-Kirche – Geländer der Königsempore 1741-3 mit Bild der preußischen Adlers

im Südschiff sind: **Kapelle** der Familie von Rehdiger, **Grabmal** von U. von Schaffgotsch und wertvollstes Werk des Breslauer Manierismus, **Epitaph** von J. C. von Crafftheim.

Auf dem Kirchenplatz befand sich bis Ende des 17. Jh. ein Friedhof. Beim krummen Weg, der vom Friedhofstor zur Kirche führt, wurden Anführer der Bürgeraufruhr aus 1418 begraben, deren Hinrichtung auf dem Breslauer Markt persönlich der König

Nebenan: Bild von Eugeniusz Get-Stankiewicz auf der Wand des Hänsel-Hauses von Marktseite

Grabmal Heinrich von Rybisch   *Gemälde in nördlicher Vorhalle*

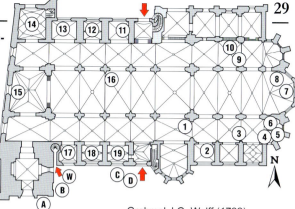

Bild .2. Hl.-Elisabeth-Kirche

A. Epitaph H. Schultz von Wolkowitz
B. Tafel mit Sage über fallenden Turm
C. Papst -Johannes-Paul-II.-Vitrage
D. Epitaph CH. Rindfleisch
W. Eingang auf den Turm

1. Epitaph D. Schilling (16 Jh.)
2. Epitaph L. Pfintzing (1575-80)
3. Epitaph C. Hesseler von Waldau
4. Grabmal F.W. Brecher
5. Epitaph H. Uthman von Rathene
6. Grabmal H. Ribisch (1. Hälfte des 16 Jh.)
7. Altar mit Nachbildung des Muttergottes von Tschenstochau
8. Sakramentarium (1455)
9. Epitaph J.C. von Crafftheim
10. Grabmal U. von Schaffgotsch
11. Kapelle der Familie Prockendorf, Grabmal J.G. Wolff (1722)
12. Kapelle der Familie Rehdiger von Stries, Grabmal N. von Rehdiger
13. Hl.-Anna-Kapelle
14. Kapelle von M. Schmedin - einstöckig, mit Fresken aus dem 16. Jh.
15. Nachbildung der Muttergottes vom Tor der Morgenröte
16. Kanzel
17. Nachbildung der Familie Uthmann, Grabmal H. von Uthmann
18. Kapelle von N. Graetke, hölzernes Gestühl
19. Kapelle der Stadtratsherren (Dompnig)

Sigismund von Luxemburg beaufsichtigte. Das Friedhofsgelände wurde einst durch Häuser der Altaristen (Vikare), Totengräber und Glöckner umgeben, von denen nur drei überdauerten. Zwei Eckhäuser davon heißen **"Hänsel und Gretel"**. Das höhere "Gretel" gehört zur Gesellschaft der Liebhaber Breslaus, "Hänsel" war dagegen Atelier des bekannten Plastikers, E. Get-Stankiewicz. Seine Idee war der Einbau von Kirchenseite des sog. Anti-Nässe-Gitters und Einmauerung dessen kontroversen Reliefs *Mach es selbst*. Hinter "Hänsel" Eingang in den Keller der Breslauer Zwerge.

Hl.-Elisabeth-Kirche, unten sichtbare torverbundene Miethäuser Hänsel und Gretel

Jatki ❻. Na Nördlich der Hl.-Elisabeth-Kirche verläuft die malerische Straße mit engen Mietshäusern und hölzernen Bogengängen. Heute befinden sich dort Kunstgalerien, aber einst wurde hier Fleisch und Lampenöl verkauft. Das Schlachthaus lag an der Oder am Ende von Odrzańska St., die im Mittelalter für zahlreiche Gasthäuser und Unzucht (Ort nahe dem Schlachthaus wurde *Hurnberge* oder *Venusberg* genannt) berühmt war. Jatki wurden außerhalb des Markts platziert, wo mehr Platz für Bau war, und was die Bänke mit der Zeit in Besitz zu übernehmen und sie in Wohnhäuser umzuwandeln erlaubte. Da das Fleisch im Mittelalter eins der Grundlebensmittel war, brachten Fleischbuden hohe Erträge, anfangs dem Herzog und später den Bürgern. Deren Anzahl hing von der Einwohnerzahl ab. In der aktuellen Form wurden sie vom 14. bis zum 17. Jh. errichtet. Anfangs hölzern, einstöckig, im 14. Jh. wurden sie in gemauerte Miethäuser mit Kramladen im Erdgeschoss umgestaltet. Bis zur 2. Hälfte des 19. Jh. befanden sie sich auf beiden Seiten der mit Toren geschlossenen Straße. Wie die hiesige Legende besagt, waren Ratten n Fleischerläden (Jatki Wrocławskie) eine Seltenheit, und dass nicht dank der speziell ausgebildeten Katze, sondern der Zwerge, die hier auch ihre Fleischbänke hatten. Deren Eingang überwacht der Zwerg *Fleischer*. 1945 wurde die Straße erheblich zerstört, aber 1951–1973 wiederaufgebaut. In ihrem westlichen Teil blieb ein Fragment des alten Portals mit Bild einer Kuh und vier Fleischer erhalten, im östlichen Teil wurde 1997 das **Denkmal der Schlachttiere** enthüllt.

Wrocławskie Jatki und Denkmal der Schlachttiere

Universität Breslau ❼. Die erste Hochschule in Wrocław, die über alle Universitätsprivilegien verfügte, gründete 1702 Kaiser Leopold I. Anfangs besaß sie nur Fakultäten der katholischen Theologie und Philosophie. Der Errichtung von Fakultät für Jura und Medizin widersprach der protestantische Stadtrat. 1811 wurde die Hochschule in die Universität mit 5 Fakultäten umgestaltet. Ihre Glanzzeit fällt auf die Wende des 19. und 20 Jh.. Es waren mit ihr viele Nobelpreisträger verbunden – Stundeten, sowie wissenschaftliche Mitarbeiter. Nach dem 2. Weltkrieg wurde sie als polnische Hochschule, im September 1945 wiedereröffnet.

Der Bau des **Hauptgebäudes** wurde 1728–40 geführt. Der Hauteingang, geschmückt mit Säulen und Balkon mit Figuren zu den vier Kardinaltugenden, führt zu den teilweise erhaltenen Innenräumen. Im Erdgeschoß befindet sich das **Universitätsmuseum** und **Oratorium Marianum**. Die sog. **Kaisertreppe** führt zum wertvollsten Innenraum – **Aula Leopoldina** und auf den **Mathematischen Turm**.

Haupteingang des Universitätsgebäudes

Oratotrium Marianum. Ehemalige Universitätskapelle zur Geburt der Hl. Jungfrau Maria, erfüllt seit 1773 die Funktion der Konzerthalle. Darin spielte u.a. J. Brahms, der 1879 die Ehrendoktorwürde der Universität Breslau erhielt und aus Dankbarkeit für die Hochschule die *Akademische Festouvertüre* komponierte. Ihr Fragment – das Lied *Gaudeamus Igitur* – wurde in vielen Ländern zur akademischen Hymne. Die 2014 rekonstruierten wertvollen Gewölbefresken zeigen Bibelszenen.

Oratorim Marianum

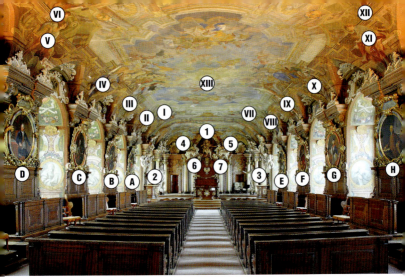

Bild 3. Aula Leopoldina

Figuren:
1. Leopold I. Habsburg (Uni.- Gründer)
2. Söhne/Nachfolger Leopolds I.: Josef I.
3. Karl VI.
4. Personifikation der Besinnung und Vernunft
5. Personifikation des Fleißes
6. Personifikation der Zwietracht (Streits)
7. Personifikation der Dummheit

Porträts:
A. Urban VIII. (Papst 1623-44)
B. Ferdinand III. (Kaiser 1637-57)
C. Karl von Lothingen (Herzog)
D. Karl Hoym (preuß. Uni.-Kurator)
E. Franz Wentzl (Rektor während Uni.-Baus)
F. Ferdinand I. (Kaiser 1556-64)
G. Friedrich II. (preußischer König 1740-86
H. Johann H. Cramer (preuß. Uni.-Kurator

Freskengestalten-Kunstpersonifikationen
I. Astronomie
II. Arithmetik
III. Poesie
IV. Rhetorik
V. Pharmazie
VI. Bildhauerwerk
VII. Geometrie
VIII. Grammatik
IX. Musik
X. Dialektik
XI. Typografie
XII. Malerei
XIII. Täubin - Symbol des Hl. Geistes

Freske Übergabe der Universität in Obhut der Hl. J. Maria über Podium der A. L.

☞ **Besichtigur der Universitä**

• IIX - IV
täglich außer Mi
twoch 10^{00}-15^{30}
• V–VIII
außer Mittwoch
10^{00}-16^{00}

Eintrittskarte
6 - 12 PLN

Bild daneben: G bäude der Uni v Oder-Seite, lin Universitätskirch

Aula Leopoldina. Prunkvolles Innere – perfektes Beispiel der Kunstsynthese – in drei Teilen: Podium, Auditorium und Musikbalkon. Auf dem Podium Tische und Bän-

Universität Breslau 33

Fechter-Brunnen auf Uniwersytecki Platz

ke, vorgesehen für Universitätsinsignien, Treffenleiter und eingeladene Gäste. Von Seiten: die Rektor- und Kanzleiloge. Hinter den Bänken Figur von Leopold I. und auf beiden Seiten Figuren: von Josef I. und Karl VI.. Über dem Podium Freske *Übergabe der Universität in Obhut der Hl. Jungfrau Maria*. Im Auditoriumteil Bänke für Hörer, unter Fenstern Professorenbänke, darüber 8 Porträts der sich für Entstehung und Entwicklung der Hochschule verdient gemachten Personen. Über dem Auditorium Freske *Verherrlichung der göttlichen Weisheit* als Frau mit Täubin über dem Kopf. In Ecken und zwischen Fenstern Personifikationen von sieben freien und fünf allgemeinen Künsten. Freske über dem Musikbalkon zeigt Verherrlichung der Landweisheit mit Allegorie des Schlesischen Lands.

Mathematischer Turm. Im Turm, der seit 1790 die Funktion der Stern- und Wetterwarte erfüllte, kann man außer der Ausstellung von astronomischen Instrumenten den im Fussboden gezeichneten Meridian 17°5'2" E bewundern. Auf der letzten Etage Aussichtsterrasse mit Figuren- Personifikationen der vier Universitätsfakultäten: Philosophie, Theologie, Jura und Medizin.

Auf pl. Uniwersytecki ein Sezessions-**Brunnen** mit nacktem Fechter. Nach der Stadtlegende entstand er zum Andenken an ein gewisses Ereignis und als Warnung für Studenten und Pokerspieler.

34 Besichtigung von Breslau

Kirche zum Allerheiligsten Namen Jesu (Universitätskirche) ❽. Die 1689-98 gebaute Kirche ist das wunderschönste barocke Gotteshaus der Stadt. Die wenig sehenswerte Fassade verbirgt den prunkvollen Hallen-Emporeninnenraum, wo sich alle Kunstformen durchdringen, und die darauf eingestellt war, den Zuschauer zu überwältigen und die Macht der katholischen Kirche zu zeigen – ein Werkzeug der katholischen Propaganda in der protestantischen Stadt.

Auf dem Hauptaltar das **Bild** Darstellung Jesu im Tempel. Vor dem Altar, auf beiden Seiten der Balustrade, **Figuren** von Heiligen: Ignatius von Loyola und Franz Xaver. Auf der Nordseite des Schiffs gewaltige **Kanzel**. An den Wölbungen **Fresken**, von denen die größte die Verherrlichung des Namens Jesu darstellt: im Hauptteil Siegeswagen mit Jesuskind, gezogen durch vier Evangelisten. Um den Siegeswagen herum die Muttergottes und Heilige, und in Ecken der Freske Vertreter von Europa, Asien, Afrika und Amerika. In der Europäergruppe kann man den Freskenmaler, J. Rottmeyer, bemerken, und unter ihm seinen Hund, den er aus Dankbarkeit ... für die Lebensrettung malte.

Innenraum der Universitätskirche

Dem Eingang gegenüber in der Seitenkapelle das Taufbecken und Nachbildung der Pieta von Michelangelo aus Gips (19. Jh.). Den ganzen Innenraum und Kunstsynthese ergänzt die **Orgel**. Der barocke Kasten verbirgt ein 43-stimmliches Instrument mit einzigartigem harmonischem Klang und einmaligem Kolorit. Deswegen finden in der Kirche oft Konzerte der Orgelmusik statt.

Kirche zum Namen Jesu

Historische Geschäftshäuser

Die Markthalle ❾ wurde 1906–1908 anstelle des ehemaligen Sand-Arsenals gebaut, woran drei in die Nordwand des Turms gemauerten Steinkugeln erinnern. Im Objekt wurde der neuartige Stahlbetonbau angewandt, den einst eine Polychromie schmückte. Die Architektur der Halle knüpft an den neugotischen Stil an, worauf die Nähe der mittelalterlichen Kirchen Einfluss hatte. Die bescheidene Ausstattung ist im sezessionistischen Stil erhalten.

Markthalle von Grodzka Str.

Eins der interessantesten Handelsobjekte in Wrocław ist auch das **Whs. Renoma** ㉓ (Podwale/Świdnicka). Das 1930 realisierte Projekt des Gebäudes setzte dessen Ausbau in Richtung von pl. Czysty voraus, was erst im 21. Jh. erfolgte. Zum Zeitpunkt der Übergabe des Gebäudes zur Nutzung besaß es den größten Stahlskelettbau in Europa und bis zum dritten Stockwerk führte die erste in diesem Europateil bestehende Rolltreppe. Die mit keramischen, bunten Fliesen bedeckten Fassaden wechseln die Köpfe von Gestalten, die verschiedene ethnische Gruppen darstellen, ab. Vor einigen Jahren wurde das Gebäude gründlich renoviert und ausgebaut. Derzeit ist es das größte historische Objekt dieser Art in Polen.

Innenraum der Markthalle - außer der Konstruktion begeistert die Auswahl an Produkten

Zu anderen bemerkenswerten Handelsobjekten gehören: Whs. der *Konsumgenossenschaft Feniks* (Markt), ehemaliges *Whs. Kameleon* (ul. Szewska), *Whs. Podwale* (Renoma gegenüber) und ehemalige Warenhäuser bei ul. Ruska und Rzeźnicza.

Warenhaus Renoma – historischer Teil

Ausflugsboote auf der Oder unter der Dominsel, sichtbare Hl.-Kreuz-Kirche

Dominsel. Der älteste Teil von Wrocław, wo um die Wende des 10. und 11. Jh. eine Fürstenburg mit der Bischofsvorstadt existierte. Neben Gniezno (Gnesen) und Poznań (Posen) war sie eine von Sitzen der damaligen Polenherrscher. Der Rest wurde nach Verlegung vom Sitz des Herzogtums ins neue Schloss am linken Oder-Ufer und Übergabe des alten Schlosses ans Bistum im 14. Jh. abgebaut. Von damals bis 1810 bildete die Dominsel de facto ein von Wrocław abgetrenntes Dorf und dessen Bewohner waren der Oberhoheit der weltlichen Macht oder städtischen Gerichtsbarkeit nicht unterstellt. Bis zum 18. Jh.. war sie auch nicht in das Stadtbefestigungssystem einbezogen. Erst auf Befehl des preußischen Königs wurde von der Nordseite ein gewaltiges Befestigungssystem errichtet, das anfangs des 19. Jh. abgerissen wurde. Damals wurde auch der Oder-Arm zugeschüttet, der bis dahin die Dominsel vom Festland abtrennte und daraus eine Insel machte, sowie der Botanische Garten angelegt. Während des 2. Weltkrieges richtete man viele Objekte zugrunde, jedoch wurden die meisten treu aufgebaut. Aktuell gilt die Dominsel als der magischste Ort in Wrocław, zum Teil dank der Gasstraßenbeleuchtung und wunderschönen Sehenswürdigkeiten-Illumination.

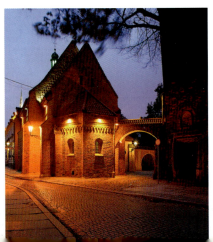

Das älteste Gebäude auf der Dominsel und gleichzeitig das älteste romanische Bauwerk in der Stadt ist die **Hl.-Ägidius-Kirche** ⑮(1213–1218), die sich mit dem daneben stehenden Gebäude des Breslauer Domkapitels (derzeit ein Teil des Erzbistum-Museums) durch das mit Legenden umhüllte Klößeltor verbindet.

Etwas jünger ist die gotische

Hl.-Ägidius-Kirche und Klößeltor

Dominsel

Orphanotropheum und Johannes-Nepomuk-Denkmal

Hl.-Martin-Kirche ❸, mit Funktion des Mausoleums der Breslauer Piasten, die endgültige Form erlange sie im 15. Jh.. Seit 1921 war sie ein polnisches Gotteshaus und der letzte Gottesdienst fand am 17.09.1939 statt. Das daneben stehende Denkmal des Johannes XXIII. wurde aus Initiative kommunistischer Behörden der Polnischen Volksrepublik errichtet.

Unweit auf Kościelny Pl. befindet sich das Barockgebäude **Orphanotropheum**, ❷ gebaut für katholische adelige Weisen, und das weltweit größte **Johannes-Nepomuk-Denkmal**. Reliefs auf dem Denkmalsockel zeigen die Geschichte über Erleidung der Strafe durch den hl. Johannes für Nichtenthüllung des Beichtgeheimnisses. Im Hintergrund steht die **Hl.-Bartholomäus- und Hl.-Kreuz-Kirche**, ❹ die als das schönste gotische Gotteshaus in der Stadt gilt. Zweistöckig mit überdurchschnittlicher neuartiger Architektur, wurde seit Mittelalter nicht umgebaut und während des letzten Kriegs nur wenig zerstört.

Hl.-Martin-Kirche

Leider wurde darin nach dessen Ende eine puristische Regotisierung durchgeführt und die erhaltene barocke Ausstattung vernichtet. Die Kirche entstand als Andenken an den beendeten Streit zwischen Heinrich IV. dem Gerechten und dem Breslauer Bischof Thomas II. Sie besitzt den Titel der Stiftskirche, derer Mitglied einst Nikolaus Kopernikus war. Bis 1945 funktionierte die obere Kirche als Mausoleum des Stifters. Derzeit kann man in ihrem nördlichen Transept (Querschiff) die Nachbildung des **Grabtuches von Turin**, dagegen im südlichen Transept das außerordentliche **Renaissancegrabmal** des Kanonikers S. Sauer bewundern.

Presbyterium in unterer Hl.-Bartholomäus-Kirche

Besichtigung von Breslau

Breslauer Dom – Aussicht von ul. Katedralna

Breslauer Dom ⓰. Erste Kirche, gebaut 960–980, wurde 1000 zum Rang des Doms erhoben. Die nacheinander im romanischen Stil errichteten Kirchen wurden nach dem Mongolen-Überfall durch den ersten auf dem Gebiet des Erzbistums Gniezno vollkommen gotischen Dom ersetzt, dessen Bau anfangs des 15. Jh. beendet wurde. Während der Renaissance erfolgten keine bedeutenden Änderungen an seinem Körper, aber in Barockzeit wurde eine Reihe von Arbeiten vorgenommen (es entstanden damals u.a. vier prachtvolle Kapellen), die den Innenraum des Doms veränderten. In der zweiten Hälfte des 19. Jh. wurde der Dom regotisiert. 1945 als Munitionslager genutzt wurde er in 70% zerstört. Der Wideraufbau dauerte kaum 6 Jahre. 1991 wurden die Türme mit neuen Helmen gekrönt.

Den Haupteingang in den Dom bildet der Säulengang, den gotische und neugotische Figuren mit der Muttergottes und den Heiligen schmücken. Über dem Nordeingang die durch die sog. Totenleuchte gekrönte Steinsäule. Daneben auf der Mauer die Nachbildung der romanischen Figur des Dompatrons, hl. Johannes des Täufers (Original im Erzbistum-Museum, Bild S. 13).

Den Hauptaltar im Innenraum des Presbyteriums bildet das **gotische Triptychon** mit *Szene des Marientodes*. Darüber **Vitrage** mit Bildern des hl. Johannes des Täufers, hl. Vinzenz, hl. Bartholomäus und Herzogs Heinrich II. des Frommen. Den Wänden entlang das barocke **Eichengestühl** (Bänke für den Klerus). Links das Presbyterium – **Altar** mit Bild der Muttergottes von Sobieski. Im großen Südfenster **Vitrage** mit Szene der Schlacht bei Liegnitz (1241). Die zentral aufgestellte **Kanzel** stammt aus 1723. Auf der Orgelempore die größte in Polen und eine der weltweit größten **Orgeln** (151 Stimmlagen, 13275 Pfeifen).

Im Südschiff erstes Renaissancewerk in Wrocław – **Portal** der Großen Sakristei. Hinter dem Ambulatorium (Chorumgang) drei **Kapellen**, von denen die älteste, zur **Hl. Jungfrau Maria** (mittlere), aus dem 14. Jh. stammt. Darin imposantes Grabmal des Bisch. Preczlaw von Pogarell und Erzepitaph des Bisch. J. Roth. Über dem Portal der **Hl.-Elisabeth-Kapelle** das Brustbild ihres Stifters, Kard. F. von Hessen-Darmstadt. Innen – Grabmal des Kardinals, Figur der Kapellen-

Dom zum Hl. Johannes dem Täufer

Bild 4. Dom zum Hl. Johannes dem Täufer

1. Säulengang
2. Altar der zum Himmel gefahrenen Muttergottes
3. Hauptaltar
4. Hl.-Vinzenz-Altar
5. Kanzel
6. Kapelle des Allerheiligsten Sakraments
7. Vitrage „Schlacht bei Liegnitz"
8. Renaissanceportal der Großen Sakristei aus 1517
9. Hl.-Elisabeth-Kapelle
10. Marienkapelle
11. Fronleichnam-Kapelle (kurfürstlich)
12. Kapelle zum Hl. Johannes dem Täufer Grabmal des Bisch. Jan Turzon
13. Erhaltene mittelalterliche Fresken
14. Totenkapelle

A. Nachbildung der Figur des Hl. Johannes des Täufers
B. Figur des Hl. Vinzenz Lewita
C. Modell des Doms
W. Eingang zum Turm
X. Zugang zu Kapellen

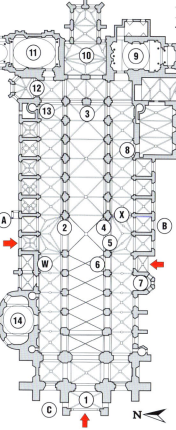

patronin und zwei Fresken *Tod* und *Hl.-Elisabeth-Grablegung*. Zweite Barockperle, **Fronleichnam-Kapelle** (kurfürstlich), ist der Bestattungsort des Bisch. F. von Pfalz-Neuburg. Nahe der kurfürstlichen Kapelle gotische Kapelle zum Hl. Johannes dem Täufer, wo **Fresken** aus dem 15. und 16. Jh. enthüllt wurden. Beim Nordeingang wunderschönes Renaissance-**Grabmal** des Bisch. A. Weisskopf. Etwas weiter die barocke Auferstehung-Christi-Kapelle und gotisches **Taufbecken**.

Dom von der Ostseite – Kapellene

Innenraum des Doms: kurfürstliche Kapelle   *Kuppel der Hl.-Elisabeth-Kapelle*

Botanischer Garten der Universität Breslau

Botanischer Garten ⓱. Entstand 1811 anstelle der niedergerissenen Befestigungen. Seine Fläche betrug anfangs 5 ha, die botanische Sammlung zählte ca. 400 Gattungen und Arten (Taxa). Mit der Zeit wurde sie bis 12 000 Taxa vergrößert. 1945 wurden auf dem Gartengelände Flugabwehrposten aufgestellt, was die Zerstörung von Pflanzensammlungen, Gebäuden und Treibhäusern verursachte. Er wurde 1950 wiedereröffnet, und 1974 in die Denkmalliste eingetragen. Derzeit beträgt dessen Fläche 7,4 ha und die Taxonanzahl reicht bis 13 500. Der Garten spezialisiert sich auf Anbau von Wasser- und Sumpfpflanzen, Sukkulenten und Efeu, die eine von zwölf polnischen Nationalen Sammlungen des Breslauer Gartens bilden.

Anemone (Pulsatilla rubra)

Den Hauptteil des Gartens nimmt die „Pflanzensystematiksektion" ein, wo man die in polnischen Verhältnissen wachsenden Grünpflanzen, Bäume, Sträucher und Büsche sammelte. Dessen nordöstlichen Teil bildet das Arboretum mit lokalen und fremden Baum- und Straucharten. Daran grenzt die „Sektion für Didaktik und Pflanzenmorphologie" und „Kletterpflanzensektion" mit der europaweit größten Sammlung von wilden Kletterpflanzenarten an. Daneben liegt das Alpinarium. Dort kann man das über 150-jährige geologische Steinkohlenlagerprofil aus der Gegend von Wałbrzych (Waldenburg) betrachten. Eine Gartenattraktion ist eine der größten Sammlungen von subtropischen und tropischen Wasser- und Sumpfpflanzen auf der Welt. Sie kann nach Besichtigung der Ausstellung *Panorama der Natur* zur Entwicklung des Lebens auf der Erde bewundert werden. Im neusten südwestlichen Gartenteil wurde die „Sektion für Zierpflanzen im Freiland" mit großem Becken, der eine umfangreiche Ausstellung von lebhaft blühenden Wasserlinien besitzt, angelegt.

Neben dem Garten steht das **Naturmuseum** der Uni mit der landesweit größten Sammlung von Schmetterlingen und Säugetierskeletten.

Wasser- und Sumpfpflanzensammlung in einem der Gartenbecken

lder nebenan: Hauptiff und Presbyterium Kapelle

Besichtigung von Breslau

Bild 5. Botanischer Garten

Sukkulentensammlung in einem der Treibhäuser   *Sektion für Zierpflanzen im Freiland - Fragment*

Schlauchpflanze (Sarracenia purpurea)   *Gunnera manicata mit Blättern bis 3m Durchmesser*

Nationalmuseum ⓲. Ein der wichtigsten polnischen Museen. Geöffnet 1948, befindet sich im früheren Sitz des Regierungsbezirks der Provinz Schlesien, errichtet 1883–86 im Stil der niederländischen Neurenaissance. Die Sammlungen zählen fast 200T Objekte und werden die ganze Zeit erweitert; sie stammen aus ehemaligen deutschen Museen von Wrocław, Vorkriegsmuseen aus Lemberg und Kiew, Sakralobjekten, Pälasten und eigekauften Waren nach dem Krieg. Es werden die Dauerausstellungen gezeigt:

• **Schlesische Kunst 12.-16. Jh.** (einer der wertvollsten Sammlungen der mittelalterlichen Kunst in Europa);

• **Schlesische Kunst 16.-19. Jh.** (u.a. Bilder „schlesischen Rembrandts"- M. Willmann);

• **Europäische Kunst 15.-20. Jh.** (Bilder von Brueghel der Jüng., Santi, Cranach der Ält., Kandinsky

Nationalmuseum: neuzeitliche schlesische Kunst (Bild: A. Podstawka); unten: Museumgebäude von Oder-Seite

• **Polnische Kunst 17.-20. Jh.** (u.a. Gierymski, Malczewski, Matejko);

• **Polnische Gegenwartskunst** (meist repräsentative und eine der landesweit größten Sammlungen mit größter Menge der Arbeiten von M. Abakanowicz in Europa). Seit der Hälfte des 2016 werden diese Sammlungen fest in dem sanierten Pavillon der vier Kuppelb ausgestellt. Ihr Ort im Gebäude von MN wird von dem **Kunsthandwerk** besetzt.

In den Museumsammlungen befindet sich auch der berühmte **Neumarkter Schatz**, ausgestellt in Środa Śląska, sowie älteste und eine der größten Fotosammlungen in Polen.

Außenstelle des Nationalmuseums ist das **Panorama von Racławice** ⓳. Im

Panorama von Racławice: Fragment des Gemäldes (Bild: A. Podstawka); unten: Rotunde von außen

Spezialgebäude mit der Rotundenform wird das enorme Breitwandgemälde (15×114m), u.a. von J. Styka und W. Kossak, gezeigt. Das Panorama, das das erste und einzige polnische Werk dieser Art ist, entstand zum Andenken an die Hundertjahrfeier des Kościuszko-Aufstands und siegreiche Schlacht mit der russischen Armee bei Racławice (1794) unter Führung von T. Kościuszko. Es wurde nur 9 Monate gemalt, und dessen feierliche Enthüllung fand 1894 in Lemberg statt. Nach dem 2. Weltkrieg 1946 kam das

Gemälde nach Wrocław, wo es 1985 erneut zugänglich gemacht wurde.

Bei den Einwohnern beliebt, aber auch für die Touristen interessant ist der Teil von Wrocław östlich vom Zentrum, auf der sog. Großen Insel, genannt Szczytniki. Dort kann man durch die Grunwaldzki- und Zwierzyniecki-Brücke auf der Alter Oder gelangen.

Um die Wende des 18. und 19. Jh. entstand in der Region des Dorfs Szczytniki der erste allgemein zugängliche Park in Wrocław. Er bildete den Ansatz für den heutigen **Szczytnicki-Park** ㉑, der manchmal als der zweite botanische Garten von Wrocław genannt wird. 1881 wurde entschieden, am Rande das Messegelände zu errichten, sowie die Multifunktionshalle zu bauen und die Jahrhundert-Ausstellung zum 100. Jahrestag des Erlasses durch den preußischen König in Wrocław des Aufrufs *An mein Volk* über den Kampf mit Napoleon zu organisieren.

Die Jahrhunderthalle wurde nach Plänen des Stadtarchitekten M. Berg gebaut, der sich bei ihrer Planung auf antike und byzantinische, aber von Gotik durchdrungene Kunst bezog, sowie für gute Akustik und Lichtspiel sorgte. Die Halle besteht aus vier mit Ring gekrönten Bogengängen und Kuppeln mit Rippenbau (23 m hoch, 67,4 m weit, was 1913 der Weltrekord war), und ihre Hauptkompositionsachsen sind nach Weltrichtungen orientiert. Die Errichtung der Halle dauerte nur 15 Monate. 1912

Besichtigung von Breslau

Szczytnicki-Park im Winter

wurde auch über den Bau des **Vier-Kuppel-Pavillons** entschieden. Dem Ausstellunggelände wurde die symmetrische Anordnung mit zwei Plätzen verliehen, von denen den nördlichen die Mulde des mit Laubengang umgebenen Teichs schließt. Das Gebiet zwischen dem Laubengang und Szczytnicki-Park wurde für Gartenausstellungen bestimmt. 1937 entstand beim Haupttor das Verwaltungsgebäude, wo derzeit seit 1952 die Spielfilmproduktion ihren Sitz hat ab 2011 das Zentrum für Audiovisuelle Technologie (CeTA).

1948 wurde in der in Volkshalle umbenannten Halle und auf Nebengelände die Ausstellung Wiedergewonnener Gebiete organisiert, an die **Iglica** (94 m hoch) erinnert. 1962 wurde die Halle in die Denkmalliste eingetragen, 2005 erklärte man sie zusammen mit Umgebung als Geschichtsdenkmal, und ein Jahr später fand sie sich auf der UNESCO-Liste. Seit 90er-Jahre des 20. Jh. zeigt dort die Gruppe der Breslauer Oper Megashows. Die letzte Renovierung stellte der Halle die ehemalige Farbe wieder, der Speisraum am Teich wurde ausgebaut. In der Halle selbst kann man sich die neue Ausstellung zur Geschichte und Architektur dieser einmaligen Sehenswürdigkeit, und unter der Kuppel die Videomapping-Show ansehen. Der Vier-Kuppel-Pavillon nebenan ist Sitz des Museums für Gegenwartskunst.

In der Mulde des mit **Laubengang** umgebenen Teichs funktioniert der **multimediale Brunnen** – einer der größten in Europa (ca. 300 Wasser- und 3 Feuerdüsen, 800 Lichtpunkte). Kostenlose Vorführungen mit Musikbegleitung finden täglich

Abend beim Brunnen: sichtbare Jahrhunderthalle, rechts Vier-Kuppel-Pavillon und Iglica

Szczytnicki-Park 47

Multimediashow anlässlich des Wrocław-Feiertages. Bildschirm aus Wassernebel mit der Fläche von über 700 m²

Innenraum der Jahrhunderthalle

zu vollen Uhrzeiten (10-22) von Mai bis Oktober statt. Während den Sonderdarstellungen wird die Schau um Laserlicht und die auf dem Wasserbildschirm gezeigten holografischen Animationen bereichert

Laubengang im Szczytnicki-Park

☞ **Besuch der Jahrhunderthalle: Entdeckungszentrum** - Ausstellung + Kuppel
• Sommer (IV-X)
Sonntag-Donnerstag 9⁰⁰- 18⁰⁰
Freitag-Samstag 9⁰⁰ - 19⁰⁰
• Winter (XI-III)
Täglich 9⁰⁰ - 17⁰⁰

Eintrittskarten: 9 - 19 PLN

Japanischer Garten ㉑, am Rande des Scheitniger Parks, bildete einen Teil der Ausstellung der Gartenkunst, organisiert 1913 zusammen mit der Jahrhundert-Ausstellung, und dessen Ideengeber war der Boschafter des deutschen Kaisers in Japan, Graf F. von Hochberg. Nach der Ausstellung wurden provisorische Ausstellungshallen und ausgeliehene Gegenstände entfernt, es blieben nur Pfade, Hügel, Anpflanzungen, ein Teich und Bäche. Nach dem 2. Weltkrieg wurde der Garten am Ende der 60er-Jahre bei Aufstellung der wenig gelungenen Replik vom Goldenen Pavillon aus Kyoto (zerlegt 1996) erneuert. 1995-97 ist er mit Hilfe der japanischen Botschaft in Warschau nach strickten Entwurfsgrundsätzen für öffentliche japanische Gärten neu eingerichtet worden. 2 Monate nach Eröffnung wurde er durch das Hochwasser zerstört, weswegen er weiterer zweijähriger Sanierung bedurfte. Dessen Name: weiß-rot knüpft an die polnische und japanische Flagge an.

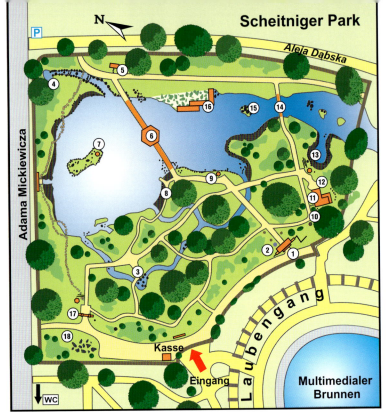

Bild 5. Japanischer Garten

1. Haupttor
2. Steinschüssel zum Händewaschen
3. Männlicher Wasserfall
4. Weiblicher Wasserfall
5. Warteraum vor Beginn der Teezeremonie
6. Brücke mit Aussichtspavillon
7. Insel mit Steinlaterne – Dreifachturm
8. Steinhafen
9. Steinlaterne
10. Brunnen
11. Teepavillon
12. Steingarten
13. Steinstrand
14. Bogenbrücke
15. Schildkröteninsel
16. Brücke mit Wasserpflanzengarten
17. Tor des Seiteneingangs
18. Verteilung von Felsen zum Andeken der Gartenanlegung

☞ **Besuch des Japanischen Gartens**

1. April – 31. Oktober
zwischen: 9⁰⁰ - 19⁰⁰ Uhr

Eintrittskarten: 2 - 4 PLN

In dessen Mitte befindet sich ein Teich, der das Weltmeer symbolisiert, in den die den männlichen und weiblichen Wasserfall passierenden Bäche münden. Durch den Teich verläuft nur einer der Wege, den die im Wasser gesenkten Steine bilden. Die Konzentration auf dessen sichere Überquerung zwingt zur Zurücklassung überflüssiger Gedanken. Der Teich trennt den Garten in den mehr blumenreichen und hellen Südteil und dunkleren Nordteil, der den Wald symbolisiert. Im Südteil finden wir den Teepavillon und einige japanische Leuchten aus Nagoya, originell aus dem 19. Jh.. Zum Nordteil kann man durch die Brücke

Besichtigung von Breslau - Japanischer Garten

mit dem Aussichtspavillon und bogenförmig gebeugten Steg, der das Streben nach Perfektion zeigt, hinkommen. Eine wichtige Rolle erfüllen im Garten die Felsen (im Nordteil dunkler Basalt, im Südteil hellerer Granit) und Flora, in der heimische Pflanzenarten vorherrschen, aber es wachsen auch exotische Pflanzen, wie Ginkgo oder japanischer Ahorn. Auf dem Gartengelände kann man auch eine der schönsten in Wrocław Rhododendron-Sammlungen bewundern. Die besten Monate für den Besuch sind Mai und Oktober.

Japanischer Garten: Brücke mit Aussichtspavillon, im Vordergrund: Insel mit Laterne – Dreifachturm

Männlicher Wasserfall (Otoko-daki) *Teepavillon und Steingarten mit Laterne*

Japanischer Garten: Bogenbrücke (Taiko Bashi), hinter ihr Brücke mit Aussichtspavillon (Yumedo No Bashi)

Japanischer Garten im Frühling, während Blüte des Kirschbaums; unter dem Baum sichtbare Steinlaterne Tourou Michishirube

Kamejima - Schildkröteninsel und blühende Wasserlilien

Zoologischer Garten ㉒. Der Breslauer Zoo ist die älteste Anlage dieser Art in Polen. Er entstand 1865 im Stadtteil Dąbie – beliebtem Ort bei den Breslauern, die Erholung vom Stadtlärm suchten. Wurde 1945 zerstört, drei Jahre später wiedereröffnet, und 1957 dessen Gelände deutlich erweitert (derzeitige Fläche 33 ha). Den Nachkriegsruhm sicherte dem Garten das TV-Programm *Mit Kamera unter den Tieren*, moderiert durch den Direktor A. Gucwiński und seine Frau.

Braunbär im Breslauer Zoo hat eigenen Wasserfall

Indische Elefanten, hinter Elefantenhaus, das auch w Nilpferde und Tapire bewohnen

Zoo-Eingang von der Anlegestelle und Leitungssitz   Afrikarium: Ackryltunnel im Mosambikkanal

Zoo 53

Angola-Löwe

Ende des 20. Jh. bedeutete die Einführung einer Reihe von Änderungen auf dem Zoo-Gelände

Die aktuell realisierte Idee setzt die Einteilung von Tieren nach Großlandschaften und Garantie von nahezu natürlichen Bedingungen bei Sicherung des möglichst nahen Zugangs voraus. Derzeit fand der Zoo Unterschlupf für ca. 10 000 Tiere in fast 1100 Arten, darunter Löwen, Elefanten, Nilpferde, Giraffen, Wisenten, Bären oder viele Affenarten. Besonders beachtenswert ist auch das Terrarium, **Madagaskar** -Pavillon, sowie Vogelsammlungen und Aquarien. Populär sind Fütterungsschauen und der Tierhof. Die neusten Attraktionen sind **Odrarium** mit Wassertieren des Oder-Flussgebiets und der große Pavillon **Afrikarium**, wo afrikanische Wassertiere gesammelt wurden.

Bei Rückkehr ins Zentrum von Wrocław finden wir südlich des Marktplatzes eine Reihe von beachtenswerten Objekten. Vom Markt kommen wir zu ihnen mit der für Fußgänger bestimmten Świdnicka Str. hin.

Breslauer Oper ❷❹. Das Opernhausgebäude wurde im klassizistischen Stil 1837–41 als Stadttheater gebaut. Noch im 19. Jh. brannte es zweimal und wurde 1866–69 und 1871–72 umgebaut. Zum Glück erlitt es im 2. Weltkrieg keine Schäden, aber wurde danach seitlich von pl. Wolności ausgebaut. Der Zuschauerraum, wo es anfangs 1600 Plätze gab, ist nach Renovierung 1997–2006 um die Hälfte kleiner. Damals wurde dem Innenraum die prächtige Ausstattung aus dem 19. Jh. wiederhergestellt. Auf ihrer Bühne spielten u.a. K. Lipiński, N. Paganini, F. Liszt, H. Wieniawski; und sangen J. Kiepura, K. Jamroz. Die erste Nachkriegsprämiere wurde 1945 aufgeführt, es war *Halka* von S. Moniuszko. Seit 1997 ist das Team

Innenraum des Opernhauses - Fragment des Zuschauerraums

Teatralny Pl./Świdnicka Str., links: Breslauer Oper, Hotel Monopol, Kirche zum Hl. Stanislaus, Dorothea und Wenzel; unten Innenraum der Kirche

der Breslauer Oper für Organisierung von Megaopernshows in der Jahrhundert-Halle und anderen unkonventionellen Orten berühmt. Zu den größten Werken gehörten: *Aida, Carmen und Gioconda*, gespielt auf der speziell dafür gebauten Bühne auf der Oder.

In direkter Nachbarschaft des Opernhauses weitere beachtenswerte Objekte: gewältige gotische **Kirche zum Hl. Stanislaus, Dorothea und Wenzel** ❷❺ mit erhaltener barocker Ausstattung, **Puppentheater** ❷❻, **N.-Kopernikus-Park**, ehemalige **Städtische Badehäuser** ❷❼ und Hotel **Monopol** ❷❺, der durch Verbindung des Hotelgebäudes mit dem ersten Breslauer Warenhaus entstand. Ähnlich, wie im 19. Jh., ist das Hotel das luxuriöseste in der Stadt (als erstes hatte es Garagen). Dort übernachteten u.a. A. Hitler, für den über dem Eingang ein Balkon gebaut wurde (nach dem Krieg sang daraus J. Kiepura), P. Picasso, M. Dietrich, Z. Cybulski u.a.

Puppen-Theater

Besichtigung von Breslau - Königspalast

Der Königspalast ❷⓼ ist die ehemalige Residenz preußischer Könige. Sein ältestes Fragment ist das zentralliegende barocke Palast von H. von Spaetgen, der 1750 Friderich II. dem Großen verkauft und 1758–63 in die Breslauer Residenz preußischer Könige umgebaut wurde. 1786–94 nahm K.G. Langhans dessen Ausbau durch Hinzufügung von senkechten Flügeln und der Ajourbalustrade, die den Paradehof schließen, vor. 1813 erließ der sich im Palast aufhaltende Friedrich Wilhelm III. den Aufruf *An mein Volk*, der zum allgemeinen Kampf gegen Napoleon aufrief. Nach Zerstörung der Stadtmauer wurde der Palast in die Südrichtung erweitert (1843–48), und der repräsentative Flügel seitens pl. Ćwiczeń (derzeit: Wolności) gebaut, der bis heute kaum erhalten blieb.

Historisches Museum im Palast – Roter Saal Friedrich Wilhelms II.

Nach Niedergang des Deutschen Kaiserreichs 1918 wurde im Palast das Schlossmuseum errichtet, das die Außenstelle des nahegelegenen Schlesischen Museums der Kunstindustrie und Antike ist. Der während des 2. Weltkrieges teilweise zerstörte Mittel- und Nordteil des Palasts wurde wiederaufgebaut, und 1963 eröffnete man dort das Ethnografische und Archäologische Museum.

Nach der Renovierung 2001-09 wurde der Palast zum Sitz des Museums für Geschichte, als Außenstelle des Stadtmuseums von Wrocław. Es befinden sich hier vier

Königspalast – Sicht von der Gartenseite

Fragment der Dauerausstellung Breslauer Kunst 1859–1945

Dauerausstellungen:
• **1000 Jahre Wrocław;**
• **Breslauer Kunst 1859–1945;**
• **Breslauer Kunst nach 1945;**
• **Galerie der Polnischen Malerei.**

Im Rahmen der Ausstellung 1000 Jahre Wrocław wurden über 3000 Gegenstände zur vielseitigen und schwierigen Geschichte der Stadt gesammelt, beginnend von Gründung des Bistums Breslau bis Millennium 2000. Passendes Innendesign, audiovisuelle Mittel und musikalische Gestaltung erhöhen ihre Qualität und Attraktivität. Dank dem wird sie bestimmt eine perfekte Einführung zur Besichtigung von Wrocław. Auf dem Ausstellungsweg finden sich noch sorgfältig rekonstruierte ehemalige Appartements preußischer Könige und das originelle, barocke Beyersdorf-Zimmer. Es lohnt sich auch, einen Augenblick der Besichtigung von Palast-Kunstgalerien mit einzigartiger Sammlung der Breslauer Kunst aus der Wende des 19. und 20 Jh. zu widmen. Danach kann man sich im Café oder rekonstruierten barocken Garten mit Figuren der Vierjahreszeiten erholen.

1000 Jahre Wrocław – Ausstellung zur Theaterkunst

Beyersdorf-Zimmer – originelle Fliesen und Bilder aus dem Mietshaus bei pl. Solny 19

Besichtigung von Breslau

Göttliche-Vorsehung-Kirche; unten: Kircheninnere

Viertel der vier Konfessionen. Obwohl der südöstliche Teil der Altstadt im letzten Krieg am wenigsten Schäden erlitt, haben ihm durch Jahre die Stadtbehörden und Touristen kaum Interesse geschenkt. In letzten Jahren ist er aber einer der wichtigsten Touristikpunkte von Wrocław. Erneuerte Altstadtpromenade regt zu Spaziergängen an, und zahlreiche Sehenswürdigkeiten und darin stattgefundene Events liefern viele Kultureindrücke. Personen, die andere Unterhaltung suchen, finden hier die größte Ansammlung von Bars und Diskos **(Niepold-Passage)** ❸⓿ und das prachtvolle Multikino (-Arthouse, ul. św. Antoniego), das seit Jahren viele Zuschauer des größten Filmfestivals in Polen *Nowe Horyzonty* empfängt.

Da sich in diesem Teil von Wrocław in kleiner Entfernung voneinander die Tempeln von vier Religionsgruppen befinden, wird er als *Viertel der gegenseitigen Achtung oder Viertel der vier Tempel (Konfessionen)* genannt. Neben dem Königspalast erhebt sich die ehemalige kalvinische **Hofkirche** ❷⓽, die 1947 den Titel der Göttlichen Vorsehung erhielt und seitdem den Lutheranern dient. 1994 wurde sie zum Haupttempel einer von Diözesen der evangelisch-augsburgischen Kirche. In der Sommerzeit kann man sich in ihrem bescheidenen Innenraum Konzerte der Orgelmusik anhören. Unweit befindet sich im Zentrum des ehemaligen Judenviertels (ul. P. Włodkowica) die erneuerte, klassizistische **Synagoge zum Weißen Storch** ❸❶, die derzeit nicht nur für den Kult dient – sondern es finden dort auch viele Konzepte der jüdischen und klassischen Musik statt, und auf den Emporen ist die Ausstellung über Geschichte der jüdischen Minderheit auf Niederschlesien zu bewundern. Auf dem Platz bei der Synagoge einige gemütliche Gastronomielokale. Neben der Synagoge erhebt sich die barocke römisch-katholische **Hl.-Anton-Kirche** ❸❷ (ul św. Antoniego). In ihrem erhaltenen

Innenraum wertvolles Altarbild von M. Wilmann *Vision des Hl. Antons*. Etwas weiter, bei pl. Jana Pawła II (mit dem monumentalen Brunnen „Kampf und Sieg" und Musikakademie), kann man die ehemalige katholische, und später protestantische **Hl.-Barbara-Kirche** ❸❸ (ul. św. Mikołaja). Während des Krieges zerstört wurde sie wiederaufgebaut und Bekennern des russisch-orthodoxen Glaubens übergeben. Aktuell bildet sie den **Dom** der Breslauer und Stettiner Diözese zur **Geburt der Allerheiligsten Muttergottes**. Dahinter ein von wenigen Fragmenten der ehemaligen Stadtmauer mit erhaltendem **Arsenal** ❸❹, (ul. Cieszyńskiego) derzeit Sitz des **Archäologischen Museums** und **Museums für Militaria**.

Synagoge zum Weißen Storch

Arsenal – Innenhof

Orthodoxer Dom zur Geburt der Allerheiligsten Muttergottes; Innen: orthodoxe Hl.-Kreuz-Seitenkirche

Besichtigung von Breslau - Jüdischer Friedhof

Museum der Friedhofskunst ㉟. Alter jüdischer Friedhof ist die einzige in Wrocław erhaltene Nekropole aus dem 19. Jh.. Die erste Bestattung erfolgte 1856 und die letzte 1942. Während dieser Zeit wurde der Friedhof dreimal vergrößert, und dessen derzeitige Fläche beträgt ca. 5 ha. Es befinden sich hier ca. 12T Grabmäler, die eine originelle und einzigartige Gruppe von Grabskulpturen und Figuren der kleinen Architektur bilden. Die ältesten von ihnen haben den Charakter von traditionellen, dicht aufgestellten Mazewen. Allmählich begannen viele neue davon Formen von monumentalen Familiengrabdenkmälern eizunehmen. Deren Architektur schöpfte aus fast allen Stilen: von Antike über Gotik und Sezession, bis Moderne, und die darin angewandte Welt- und Religionssymbolik war äußert umfangreich. Auf dem Friedhof wurden viele berühmte Persönlichkeiten beigesetzt, die die wirtschaftlich-kulturelle Entwicklung von Wrocław beeinflussten, und die, die hier unerwartet starben: F. Lassalle – Gründer der ersten Arbeitspartei in Deutschland, H. Graetz – Autor der ersten synthetischen Judengeschichte, F. Cohn – weltbekannter Botaniker, H. Cohn – berühmter Augenarzt, Eltern von Edith Stein (Hl. Teresia Benedicta vom Kreuz), H. Teplitz – Mäzen, u.a. von S. Moniuszko. 1975 wurde der Friedhof in das Denkmalliste eingetragen. Seit 1988 funktioniert er als Museum - Außenstelle des **Städtischen Museums**.

Bild 8. Jüdischer Friedhof

1. Mittelalterliche Grabmäler (12.-14. Jh.)
2. H. Oppenheim (Kaufmann) – das älteste Grabmal (1856)
3. H. Lassal (Kaufmann, Stadtrat); F. Lassalle (Politiker)
4. F. Kempner (Schriftstellerin); D. Kempner (Stadtabgeordneter)
5. A. Stein – Mutter von Edith Stein
6. E. Warszawska – polnische Inschrift aus 1887
7. H. Cohn (Arzt, Vater des Schriftstellers E. Ludwig)
8. S. Stein – Vater von E. Stein
9. H. Graetz (Historiker, Lehrer im Seminar und an der Universität)
10. F. Cohn (Botaniker)
11. J., P. Schottländer (Landeigentümer)
12. S. Fränkel (Orientalist, Lehrer an der Univ.)
13. F. Rosenthal (Gemeinderabbiner, Lehrer an der Univ.)
14. E. Fränkel (Arzt, Stadtrat, Lehrer an der Univ.)
15. L. Auerbach (Arzt, Lehrer an der Univ.t)
16. A. Bielschowski (Industrieller)
17. M. Kauffmenn (Industrieller)
18. H. Heimann (Bankier)
19. S. Haber (Stadtältester)

Besichtigung des Friedhofs:

täglich zwischen:
10:00 - 18:00 Uhr
im Winter bis Dämmerung

Eintrittskarten: 10-15 PLN
donnerstags freier Eintritt

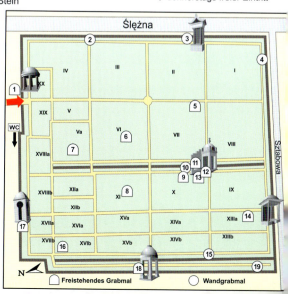

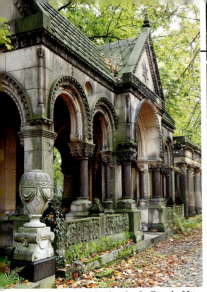 

Jüdischer Friedhof: Grabmäler der Familie Heimann Kolker und Heimann Gassmann

Aussichtstürme. Auf Wrocław kann man von „oben" aus vier Aussichtstürmen und Terrasse des Hochhauses **Sky Tower**, die auf vorletzter 49. Gebäudeetage (200 m unter der Erde) liegt, schauen. Die Aufzugsfahrt dauert ca. 50 s., und der Terrassenbesuch überschreitet keine 20 min. ☞ *Terrasse offen: Mo.-Don. 9 - 20³⁰, Fr.-Sa. 9-21³⁰, Son. 10-21³⁰; Eintr.-Karten: Mon.-Fr. 6-11 PLN, Sa.-Son. 8-15 PLN (Kasse in der Handelsgalerie Ebene +1).*

Turm der Hl.-Elisabeth-Kirche ❺. Am höchsten gelegene Aufsichtsterrasse auf der Altstadt (61 m über der Erde) wurde für Besucher 1964 das erste Mal zugänglich gemacht. In Folge des Brands aus 1976 war er durch nächste 21 Jahre geschlossen. Auf die Spitze führen 302 Treppen. Besonders efektvoll präsentiert sich daraus die Nachtbeleuchtung des Marktes. ☞ *Turm offen: Mo.-Fr. 9-18, Sa. 11-17, So. 13-17; Eintr.-Karten: 5 PLN.*

Turm der Hl.-Elisabeth-Kirche über dem Markt

Nordturm des Breslauer Doms ⓰. Neben dem Nordeingang in den Dom führt die Wendeltreppe hinter der kleinen Tür in die Hl.-Florian-Kapelle, einst Kaiserchor (Königschor), die seit Mittelalter Tagungsort des Bischofsgerichts war. Etwas höher großer Raum mit Ausstellung zur polnischen Mission in Afrika und

Besichtigung von Breslau - Aussichtstürme

Ticketschalter, wo Eintrittskarten für die Aufzugsfahrt auf die Aussichtsterrasse (55 m) verkauft werden. Am besten ist es, das wunderschöne Altstadt-Panorama, Aussicht auf die Oder und Bischofsgärten zu Vormittagsstunden zu bewundern. Bei guter Sichtbarkeit man kann den Zobtenberg sehen. ☞ *Turm offen: Mo.-Sa. 10-17^{30}, So. 14-16; Eintr.-Karten: 4-5 PLN.*

Hexenbrücke, Hl.-Maria-Magdalena-Dom ❹. Die aus 1459 stammende Brücke verbindet Türme auf Höhe von 47 m, sowie

Türme des Breslauer Doms und Aussicht aus Nordturm: ul. Katedralna, Hl.-Kreuz-Kirche rechts

diente jahrelang als Bühne für das darauf spielende Orchester und Ort, wo Feuerwerke bei den wichtigsten Stadtfeiern abgebrannt wurden. Türme und Brücke wurden 1945 zerstört. Die Brücke rekonstruierte man erst 2002. Eingang und Ticketschalter im Inneren des Doms. ☞ *Brücke offen: in Sommersaison täglich 10-19; Eintr.-Karten: 3-5 PLN.*

Der Brückenname knüpft an die Breslauer Legende an, nach der Seelen gestorbener Frauen darauf Buße leisten, die in der Jugend Männer verführten und sie mit ihren Reizen anlocken, aber sich für die Heirat aus Furcht vor Erfüllung ehelicher und häuslicher Pflichten nicht entschieden. Als Strafe nahmen sie die Gestalt von Gespenstern an, die unaufhörlich die Brücke fegen.

Hexenbrücke mit Türmen des Hl.-Maria-Magdalena-Doms

Aussichtsterrasse auf Mathematischem Turm (40m über der Erde), in der Ferne das Hochhaus Sky Tower

Mathematischer Turm, Universität ❼. Seit 1790 befand sich dort die Stern- und Wetterwarte (zweit älteste in Mitteleuropa nach Prager Clementinum). In Ecken der Aussichtsterrasse Figuren mit Personifikationen der vier Universitätsfakultäten: Philosophie (mit Globus), Theologie (mit Kreuz), Jura (mit Waage) und Medizin (mit Hermesstab). Vom Turm gut sichtbare Oder-Kanäle und Altstadt.☞ *Turm offen in Öffnungszeiten des Universitätsmuseums - siehe S. 32; Eintr.-Karten: 6 - 12 PLN*

Ein untypischer Aussichtspunkt ist auch der Parkplatz auf dem Dach des **Whs. Renoma** ㉓ (8 p.). Davon erstreckt sich das wunderschöne Panorama der Altstadt und Aussicht auf südliche Stadtteile.

Der die Stadt überragende Sky-Tower-Komplex (Panorama von Wrocław von Südseite; Quelle: Sky Tower)

SPORTLICHES BRESLAU

Für diejenigen, die ihre Freizeit gern aktiv verbringen, gibt es in Wrocław eine Reihe von Attraktionen. Das ganze Jahr stehen einige **Schwimmhallen**, darunter **Städtische Badehäuser** ❷❼ (Breslauer SPA) in der Altstadt und großer **Aquapark** ❸❺ mit bedeutendem Wellness-Zentrum (ul. Borowska) offen.

Gebäude des Breslauer SPA-Zentrums

Im Sommer sind offene Bäder tätig: Morskie Oko, Glinianki und Schwimmbäder bei der Sporthalle Orbita. In der Stadt befindet sich ein Verlieh von **Paddelboten und Booten** (u.a. Gondelhafen), mit denen man u.a. zum Ottwitzer Werder, der über einen **Seilpark** verfügt, kommen kann. **Jogging**-Liebhaber werden viele günstige **Wege** in den

Inneres Erholungsschwimmbad beim Breslauer Aquapark

Breslauer Parks und auf Deichen den Flüssen und Kanälen entlang finden. Beim Städtischen Stadion steht im Winter die **Eisbahn**, und durch das ganze Jahr die **Kartbahn** zur Verfügung, dagegen kann man auf dem Gelände des Olympiastadion-Komplexes die Speedwayfahrer anfeuern, **Tennis** spielen oder sein Glück am **Schießstand** versuchen. Das südliche Wrocław lädt zur **Pferderennbahn** ❸❺ ein, wo man jede Woche auf Rennen setzen, aber auch Pferde reiten kann. Die flache Stadt eignet sich mit ihrer Umgebung für **Fahrrad**-Ausflüge. Nahe Wrocław befinden sich auch zwei **Sportflughäfen**.

Breslauer Pferderennbahn im Hartlieb: Hürdenrennen

LUBIĄŻ

☞ *Lubiąż liegt ca. 51 km nordwestlich von Wrocław, nahe der Landstraße Nr. 94.*

Über dem Dorf herrscht eine gewaltige, gotisch-barocke Klosteranlage der Zisterzienser. Mit ihrer Größe (über 300 Räume; Länge der Hauptfassade 223 m!) macht sie in Europa nur dem spanischen Escorial Platz. Kurz nach Herbeiholung der Mönche nach Lubiąż 1163 war das Kloster wegen des baulichen Schwungs und wirtschaftlicher Tätigkeit berühmt. Es entstanden hier auch viele wichtige Bücher, wodurch es zu einem der bedeutendsten Kulturzentren wurde. Nach Vertreibung der Mönche am Ende des 15. Jh. erfolgte die Widergeburt des Klosters erst nach Beendung des Dreißigjährigen Krieges (1648).

Eins der erhaltenen Fragmente der Klosteranlage ist die im 14. Jh. errichtete Hl.-Jungfrau-Maria-Kirche. Anfangs des 18. Jh. wurde bei der Kirche eine große Anlage gebaut, die aus dem Kloster und Abtpalast besteht. Nach der preußischen Säkularisation des Klosters 1810 wurde das Objekt in ein Krankenhaus umgewandelt. Im 2. Weltkrieg und nach dessen Beendung erlitt es Schäden, und seit 1950 dauerten Konservierungsarbeiten, dank denen derzeit für Besucher folgendes zur Besichtigung frei steht:

• gehalten für eins der prachtvollsten Werke des schlesischen Barocks – großer **Fürstensaal**. Er wird durch Figuren, Stuckarbeit und Fresken geschmückt (an der Decke, zeigen die Verherrlichung des *Glaubens* und Glorifikation der Habsburger);

• **Sommerrefektorium** mit beachtlichen Fresken von F. A. Sheffler *Wunderbare Speisung der Fünftausend* und **Abt-Speisesaal** mit Bild von M. Willmann *Apotheose des Tugendhelden*;

• gotische **Jungfrau-Maria-Kirche**, umgebaut 1672-81 (barocke Innenausstattung blieb nicht erhalten). Beim Presbyterium spätromanischer Taufbecken und Grabplatten aus 14 Jh.. Hier wurde u.a. der Stifter des Klosters, Herzog Boleslaus der Lange, sowie der berühmte Maler M. Willmann, schlesischer Rembrandt genannt, beigesetzt.

• **Fürstenkapelle**, gabaut als Piastenmausoleum.

Bibliothek, und darin ansehnliche Fresken mit Verehrung des Wissens stehen den Besuchern nur gelegentlich wegen laufenden Renovierungsarbeiten zur Verfügung.

Lubiąż: Fürstensaal — Sommerrefektorium – Perle des Klosters

Abt-Speisesaal mit Bild von M. Willmann — Zisterzienserkloster – Westseite

WOJSŁAWICE

☞ *Wojsławice - ehemaliges Landgut, derzeit in die Stadt Niemcza eigeschlossen , liegt bei der Landstraße Nr. 8, 53 km südlich von Wrocław, in Richtung von Kłodzko.*

Dieser Ort ist durch das Arboretum berühmt, dessen Anfänge bis 1821 reichen. Damals entstand ein romantischer Park, in dem 1880 F. von Oheimb den Alpenrosengarten anlegte. Es überstand die Kriegsmaßnahmen und Nachkriegszeit, wurde 1983 in Denkmalliste eingetragen, und fünf Jahr später war es die Außenstelle des Botanischen Gartens in Wrocław.

Das die südlichen Abhänge der Eichenhügel belegende Arboretum ist gut gegen Wind geschützt, dank spezifischem und günstigem Mikroklima und geeignetem Boden gelang es, darin eine Reihe von einzigartigen Baumarten erfolgreich zu akklimatisieren. Hier befinden sich einige kleinen Teiche, versorgt durch den Wojsławicki-Bach, einem der rechtsseitigen Nebenflüsse von Lohe.

Die Außenstelle des Botanischen Gartens ist vor allem für eine der schönsten und ältesten polnischen Alpenrosen- und Azaleensammlungen (880 Arten und Sorten), sowie seltene Nadelbaumarten berühmt. Das Arboretum besitzt die reichste Sammlung von Taglilien – im Frühling blühende Stauden (über 3000 Sorten) – in Europa. Im Herbst begeistert es die Gäste mit prächtiger Hortensien- und Ziergräsersammlung. Die Gehölzsammlung umfasst ca. 2000 Taxa, und außer heimischen Pfalzen befinden sich hier auch Arten aus verschiedenen Weltwinkeln: Tulpenbaum, Riesenmammutbaum, Metasequoie, Schirmtanne, Taubenbaum, Tasmanische Steineibe, Libanon-Zeder, Weihrauchzeder, Japanische Kopfeibe.

2005 wurde die Fläche des Arboretums deutlich erweitert (derzeit 62 ha) – es wurden neue Rabatten und Alleen ausgesondert, sowie das historische Vorwerk erneuert. Außerdem wurde ein Café, eine Ausstellungsgalerie und ethnographische Ausstellung alter Landgeräte errichtet – was die Attraktivität dieses schon zauberhaften Ortes erhob.

Alpenrose (Rhododendron) 'Scintillation';   *Rotbuche Purpurform, hinten Alpenrosental*

Taglilie (Hemerocallis) 'Marylka' – polnische Sorte   *Callicarpa (Bild: Hanna Grzeszczak-Nowak)*

ŚWIDNICA

☞ *Świdnica liegt 51 km südwestlich von Wrocław, bei der Landstraße Nr. 35.*

Es ist eine der ältesten und größten Städte (ca. 60T Bewohner) im Niederschlesien. Die günstige Lage auf einem der Haupthandelswege sicherte ihr Entwicklungsmöglichkeiten trotz der erlittenen Brände, Kriege und Epidemien. 1291–1392 war Świdnica die Hauptstadt des Herzogtums Schweidnitz-Jauer, und wurde durch das hervorragende Bier, sowie Tücher und Messer berühmt. Im 17. Jh. wohnte hier die bekannte Astronomin Maria Kunitz, die den Namen einem der Krater auf der Venus gab.

In der Stadt blieb die mittelalterliche städtebauliche Gliederung erhalten und der Schweidnitzer **Marktplatz** ist ein Beispiel dafür, wie in einer kleinen Stadt der Großstadtcharakter bewahrt werden kann. Beachtenswert sind das **Hermes-Haus** und die **Dreifaltigkeitssäule**. Das **Museum der Ehemaligen Kaufmannschaft** im Rasthausgebäude knüpft an die kaufmännische Tradition der Stadt an und ist das einzige Museum dieser Art im Land.

Der sich nahe dem Markt erhebende **Dom** zum Hl. Stanislaus und Wenzel ist ein imposantes gotisches Bauwerk mit Renaissance- und Barockelementen, sowie dem höchsten Turm im Schlesien (103 m). Im dessen erhaltenen Innenraum lohnt es sich, den gotischen Marienaltar, barocken Hauptaltar, Orgel, sowie das prachtvolle Gewölbe zu sehen.

Die berühmte evangelische **Friedenskirche zur Hl. Dreifaltigkeit** befindet sich seit 2001 auf der Liste des UNESCO-Welterbes. Sie entstand nach Abschluss des den Dreißigjährigen Krieg beendeten (1618–48) Westfälischen Friedens. Kraft des Abkommens konnten schlesische Protestanten, obwohl sie Untertanen der katholischen Habsburger waren, drei Kirchen bauen. Diese in Świdnica – hölzern mit Rippenkonstruktion – wurde auf Plan des griechischen Kreuzes ohne Nagel errichtet. Durch Jahre vergrößert, ist letztendlich für 7500 Personen bestimmt. Die wertvollsten Elemente des Innenraums sind die originelle barocke Orgel, Altar und Kanzel. Um das Gotteshaus herum – Reihe der Sehenswürdigkeiten von Pokoju Pl.: Glockenturm, Wächterhaus, Pfarrhaus und historischer Friedhof.

Friedenskirche zur Hl. Dreifaltigkeit — Rasthaus in Świdnica in 2012 (vor Turmwiederaufbau)

Schweidnitzer Dom — Innenraum des Friedenskirche (Bilder von Świdnica: A. Pawłowicz)

Książ

☞ *Książ liegt bei Straße Nr. 35, 15 km von Świdnica, 65 km südwestlich von Wrocław.*
Das Schloss Książ ist eins der größten Schlosse in Europa. Es erhebt sich auf der Felszunge (auf der Höhe von 395 m ü.d.M.), die aus der Schlucht des Polsnitz-Flusses herausragt, in Umgebung des forstlich-gebirgigen Landschaftsparks Książ.

Książ wurde, als Festung zum Schutz der Südgrenze Schlesiens, durch Bolko I. von Schweidnitz-Jauer 1288-92 errichtet. Seit 1392 war die Stadt das Eigentum von schlesischen Ritterfamilien, und 1509-1941 des bedeutenden europäischen Geschlechts Hochberg, das darum sorgte, dass das in der schwer erreichbaren, geradezu wilden Region liegende Książ den Titel der „Perle Schlesiens" erlangte. Während des 2. Weltkrieges wurde die historische Ausstattung der meisten Säle durch die Naziorganisation Todt umgebaut, zerstört und liquidiert. Unter dem Haupthof und Schloss wurden, mit Händen der Gefangenen aus Gross Rosen, im Fels Tunnels ausgehöhlt. Konservierungsarbeiten dauern im Schloss seit der 60er-Jahre des 20. Jh. bis heute, und haben dem Komplex ihre ehemalige Pracht hergestellt.

Durch Jahrhunderte wurde Książ mehrmals umgebaut. Die größte Modernisierung des Schlosses erfolgte im 17./18 Jh. dank Konrad Maximilian von Hochberg. Damals wurde der repräsentative Barockteil gebildet. Der letzte Ausbau (1908-23) bereicherte das Schloss um den imposanten eklektischen Süd-Westflügel.

Derzeit führt die touristische Route durch Schlosssäle, Korridore, Ausstellungen bis zu 13 Terrassen mit Aussichtspunkten, Figuren, Brunnen und Hochgebirgsflora. Der Schlossturm (Höhe: 47 m) erlaubt, die malerische Umgebung der Bauwerke zu erblicken, und das Kellergeschoß ermöglicht, einen Teil der Geheimnisse aus dem 2. Weltkrieg zu erfahren. Die interessantesten Innenraume des Schlosses befinden sich im barocken Ostteil: Grüner, Weißer, Chinesischer Salon, Spiel- und Barocksalon und der schönste Maximilian-Saal mit Bild von F.A. Scheffler an der Decke. Interessant ist aus der Renaissanceteil (Nordteil): Konrad-Saal, Jägerflur, Schwarzer Hof, Schiefer Saal, Waffenhaus und Kassettenflur.

Nahe des Schlosses sind auch andere Objekte aus ehemaliger Zusammensetzung des Landguts von Książ beachtenswert: Grabkapelle, Hengstherde, Palmenhaus oder Alte Burg Książ.

Nordseite des Schlosses Książ

Repräsentativer Maximilian-Saal

Chinesischer Salon

Westterrasse, hinten oben Kastanienterrasse

BIBLIOGRAPHIE

Chądzyński W., *Wrocław jakiego nie znacie*, Wrocław 2005.
Czerwinski J., *Wrocław – przewodnik*, Wrocław 2010.
Eysymont R., Ziątkowski L., *Wrocław – przewodnik*, Wrocław 2009.
Galewski D., *Katedra św. Jana Chrzciciela i Ostrów Tumski we Wrocławiu*, Wrocław 2008.
Grajewski G., *Ogród Japoński w Parku Szczytnickim*, Wrocław 2002.
Harasimowicz J.[red.], *Atlas Architekrury Wrocławia, T. 1-2*, Wrocław 1997-98.
Harasimowicz J.[red.], *Encyklopedia Wrocławia*, Wrocław 2000.
Kulak T., *Wrocław. Przewodnik historyczny*, Wrocław 1997.
Lejman B., *Leopoldina - Uniwersytet Wrocławski*, Wrocław 2003.
Łagiewski M., *Stary cmentarz żydowski we Wrocławiu*, Wrocław 2004.
Maciejewska B., *Spacerownik Wrocławski*, Warszawa
Oszczanowski P., Bronz W., *Bazylika św. Elżbiety*, Wrocław 2003.
Perzyński M., *Wrocław dla dociekliwych. Pomniki, tajemnice kościołów (...)*, Wrocław 2008.

Bilder, Redaktion, Layout: *Anna Będkowska-Karmelita*
Text: *Wojciech Zalewski;*   Korrektur: *Anna Krysiak*
Bearbeitung von Karten, Plänen: *Stanisław Junak, A. Będkowska-Karmelita, W. Zalewski*
Deutsche Übersetzung: *Übersetzungsagentur LINGO*
Die im Reiseführer genutzten Archivbilder stammen aus Sammlungen des Stadtmuseums und Niederschlesischen Digitalbibliothek
Querschmitte nach Atlas Architektury Wrocławia, red. J. Harasimowicz
Bilder auf S. 66-67: Hanna Grzeszczak-Nowak; auf S. 68-69 Andrzej Pawłowicz

AlkazaR Agencja Wydawniczo - Dystrybucyjna
45-287 Opole, ul. Dąbrowszczaków 3/505
tel. (+48) 605 56 88 85, 603764813, e-mail: alkazar@autograf.pl
www.alkazar.com.pl

©Copyright by AlkazaR, Alle Rechte vorbehalten, Opole 2012
2. Ausgabe korrigiert, aktualisiert Auflage 2016   ISBN 978-83-62194-14-8